예수님의 계보를 이은 여인들의 이야기

성서의 여인들

Women in the Bible

저자 윤창용

도서출판사 TOBIA

예수님의 계보를 이은 여인들의 이야기

성서의 여인들

Women in the Bible

1판 1쇄: 2020년 11월 06일

저자_윤창용
책임편집_강신덕
디자인_오인표
홍보/마케팅_지동혁
펴낸이_강신덕
펴낸곳_도서출판 토비아
등록_107-28-69342
주소_서울특별시 은평구 은평로21길 31-12, 4층(녹번동)
인쇄_三 榮 印 刷 社 2273-3521

ISBN 979-11-971316-2-2   03230

예수님의 계보를 이은 여인들의 이야기

성서의 여인들

Women in the Bible

저자 윤창용

도서출판사 **TOBIA**

Photos by Yun

이 책에 실린 사진들은 윤창용 목사가 선교적 사역을 이어가는 중에
각지의 삶의 현장들을 직접 촬영한 것들이다.

Contents

이제야 비로소
공적인 자리에서 마주하는
그녀들의 이야기

차준희 목사

한세대학교 구약학 교수
한국구약학회회장 역임
한국구약학연구소 소장

이 책은 마태복음의 예수님 계보에 소개된 다섯 명의 여인들인 다말, 라합, 룻, 우리야의 아내밧세바, 마리아마 1:1-16, 그리고 하와, 리브가, 라헬, 나오미라는 네 명의 여인을 추가하여 총 아홉 명의 여인의 삶을 예리하게 분석하고, 그에 담긴 신선한 교훈을 찾아서 소개하고 있다.

보통 여자들은 족보에 기록되지 않는다. 누가의 족보눅 3:23-28에는 마리아의 이름조차 거론되지 않는다. 따라서 마태복음에 여인들의 이름이 족보에 기록된 것은 관례를 벗어난 파격이다.

마태복음에 언급된 다섯 명의 여인들은 마리아를 제외하면 모두 이방인이었다. 다말은 아람인이었고창 38:11, 13-14, 라합은 가나안 사람이었고_{수 2장과 6장}, 룻은 모압 출신이었다._{룻 1:4} 밧세바의 이름을 직접 기록하지 않고 "우리아의 아내"라고 한 점도 밧세바가 남편의 출신 지역인 헷_{Hittite} 족속에 속했음을 의도적으로 드러낸 것이다._{삼하 11-12장} 예수님의 족보에 이들을 포함한 것은 이방인들까지도 구원하시는 하나님의 역사하심이 예수 그리스도 안에서 드러날 것임을 시사한다.

또한 이 여인들은 모두 비정상적인 결혼 생활을 하였다. 다말은 시아버지와 육체적 관계를 가진 근친상간을 범했고_{창 38장}, 라합은 창기였으며_{히 11:31}, 룻은 족외혼_{族外婚, exogamy}을 하였고_{룻 4장}, 우리야의 아내는 간음을 하였다._{삼하 11-12장} 마리아도 정상적인 부부생활을 벗어난 혼전 임신을 하였다. 한마디로 모두 죄인이었다고 할 수 있다. 예수님의 족보에 이들이 포함된 것은 예수 그리스도의 오심은 죄인들을 위함이라는 사실을 시사한다.

예수님의 족보라는 명예의 전당에 오른 다섯 명의 여인들은 그들의 "공"_功보다는 "과"_過로 인하여 선택된 것 같다. 그러나 성경은 그들의 "공"에도 눈을 감지는 않는다. 예를 들면, 다말은 유다의 입으로부터 "그는 나보다 옳도다"라는 고백을 듣는다._{창 38:26} 라합은 믿음으로 정탐꾼들을 구함으로 자신의 가문을 살려냈다._{히 11:31; 약 2:25}

성경은 그동안 남성중심으로 주로 읽혀왔다. 그래서 성경에 나타난 수많은 여성은 남성의 힘에 가려져서 정당한 주목을 받지 못했다. 저자는 남성 중심적 해석으로 그간 억울하게 가려진 여성의 모습에 다가간다. 성경을 여성의 시각에서 다시 보기 시작한 것이다. 다음은 저자의 내면을 잘 드려다 볼 수 있는 고백이다.

성경의 이야기들은 남자들만의 건조한 투쟁과 쌈박질로 끝나지 않습니다. 성경의 훌륭한 남자들이 각자 신앙의 최고봉에 오르는 순간순간 그들의 인생 골짜기들에는 여인들의 보이지 않는 헌신과 충성, 과감한 결단과 결행의 비하인드 스토리들이 있었습니다.

저자는 그동안 성경에 나타난 여성을 다루었던 과격한 페미니즘과는 거리를 둔다. 이 점이 이 책의 강점이다. 가부장적인 남성주의 해석에서 벗어나고, 지나친 여성주의 해석과도 거리를 두고 있기 때문이다. 저자는 유대교 성서해석을 적극 수용하여 독자들의 가려운 데를 끌어준다. 성경 이야기는 히브리적 내러티브의 특징에 따라 등장인물의 심리묘사에 극히 소극적이다. 그러나 독자는 사실 이 부분이 궁금하다. 어쩔 수 없이 독자는 자신의 상상력에 의존하여 등장인물의 내면을 넘나든다. 저자는 독자들의 니즈를 정확히 간파하고, 이런 성경본문의 문맥사이를 파고든다. 마치 역사소설을 보는 것같이 당시의 상황을 생동적으로 묘사하고, 등장인물의 심리를 설득력 있게 수려한 문장력으로 드러내고 있다.

대부분의 설교자들이 남성인 현실 속에서 설교강단에서 철저히 소외된 여성주인공들이 이제야 비로소 공적인 자리로 초청된 것 같다. 여성독자들은 물론이고 남성독자들도 이 책을 통하여 죽어다가 깨어나도 알 수 없는 여성의 심리와 행동을 이해하는데 도움이 되기를 바란다. 조직신학자인 저자가 성서신학자에게 한수를 가르쳐 주는 부분들이 적지 않아 한순간 부끄럽기도 했지만, 이런 저자가 가까운 친구라는 사실에 큰 위안을 삼기도 한다.

갈급함에
응답할 수 있는 책

김학중 목사
꿈의교회 담임목사

오늘도 저의 삶을 돌아봅니다. 아침에 눈을 뜨면 당연하게 일어나고, 당연한 듯이 씻고, 당연한 듯이 일하다가, 저녁이 되면 당연한 듯이 잠자리에 들며 하루를 마감했습니다. 이 모든 것이 언젠가부터 당연하게 느껴지고 있던 차에, 이 책을 만났습니다. 가볍게 보려고 했습니다. 그러나 하와, 리브가, 라헬 … 한 명, 한 명의 이야기를 보다 보니, 책을 그냥 덮을 수 없었습니다.

첫째로 마음이 뭉클해졌기 때문입니다. 성경에 나오지 않는 행간에 숨어있는 이 여인들의 희로애락喜怒哀樂을 보면서, 우리 어머니와 아내가 생각났기 때문입니다. 어머니로서, 아내로서,

가족을 보살펴야 한다는 책임감이 얼마나 컸을지 생각하면서, 오늘 내가 살아있는 모든 것이 그들의 덕분이었음을 느낄 수 있었습니다. 그리고 가족들 앞에서는 강한 모습을 보여주었지만, 일고 보니 그들도 사랑과 보살핌이 필요했던 여인들이었음을 다시 한번 생각하게 만드는 시간! 이 책은 저에게 그런 선물을 주었습니다.

둘째로 재미있었기 때문입니다. 성경을 스토리로 풀어서 설교하는 저로서는, 성경의 행간에 숨겨진 크고 작은 사건들과 그에 따른 인물의 심리를 파악하는 데 많은 시간을 할애합니다. 그것을 파악하면, 많은 이야기가 연결되기 때문입니다. 물론 쉬운 작업이 아닙니다. 여러 분야를 다양하게 공부해야 하고, 잘 정리해서 누구라도 쉽게 알 수 있도록 풀어야 하기 때문입니다. 그런 점에서 이 책은 탁월합니다. 성경의 행간을 밝혀내기 위해서 많은 자료를 찾아본 흔적이 보이고, 그것을 쉽게 풀어내기 위해서 고민한 흔적이 보이고, 또 그 안에서 하나님의 메시지를 찾기 위해 얼마나 고심한 흔적이 보입니다.

그런 점에서 이 책은 목회자도, 평신도도 봐야 할 책입니다. 재미없게 보였던 성경을 우리 시대에 맞게 다시 조명해주는 길잡이로서, 평신도들에게 충분히 가치가 있기 때문입니다. 또 좋은 설교의 모델을 보여준다는 점에서, 목회자들에게도 충분히 가치가 있기 때문입니다. 오늘날 많은 그리스도인들이 성경에 대한 갈급함을 호소합니다.

성경이 지금 우리에게 주는 의미를 알기 전에, 먼저 성경이 일단 무슨 이야기를 하는지 알고 싶다고 말합니다. 그러나 이제는 그런 걱정을 하지 않아도 될 것 같습니다. 이러한 갈급함에 응답할 수 있는 책이 윤창용 목사님을 통해서 나왔기 때문입니다. 이 책이 더 많은 사람들에게 읽혀서 성경의 숨어있던 매력을 더 빛나게 해줄 것을 기대해봅니다.

우리의 삶과 세상의
빈틈을 메워주는

곽요셉 목사

예수소망교회 담임목사
(재)에덴낙원 이사장

    하나님 나라의 복음은 남녀노소를 불문하고, 부름 받고 구원 받은 모든 하나님의 백성들을 향한 복된 소식입니다. 성서는 복음으로 충만한 삶을 살았던 이들의 신앙을 보여주고 있습니다. 이 책은 강력한 의지로 이야기를 이끌어가는 남성 중심의 세계관에 익숙해져 있는 독자들에게 중재와 화해의 노력으로 드러나는 여성들의 파트너 관점을 조명합니다. 저자는 그녀들의 삶을 결코 주변인으로써 가벼운 역할이 아니라고 말합니다. 우리의 삶과 세상의 빈틈을 메워주는 여인들의 삶을 깊이 들여다보고 높게 평가하고 있습니다.

    이 책은 성경을 읽으면서도 미처 주목받지 못하고, 남성들 뒤

에서 묵묵히 하나님 나라의 구원과 복음의 역사를 목격하고 동참한 여성들의 헌신과 충성 그리고 때로는 과감한 믿음의 행보들을 소개합니다. 이는 구원받은 우리 중 어느 누구도 혼자 완전한 이는 없으며, 신앙의 공동체 안에서 서로 도우며 하나님 나라를 소망하는 모습을 꿈꾸게 합니다. 성서의 여인들이 그녀들만의 특별한 방법으로 주어진 삶의 무게와 사명을 감당하는 모습은 하나님 나라의 선포와 확장에 참여하도록 초대받은 우리에게 친절한 신앙의 안내서가 되어 줄 것입니다. 이름도 없이 빛도 없이, 복음의 길을 걸었던 성서의 여인들을 묵상하며, 복음을 모르는 세상을 그리스도의 품으로 안내하는 복음의 삶을 발견하게 될 것입니다.

교회의 여성지도력을
세우기 위해 분투하는 우리에게

남은경 목사
전 서울신대 교수
기독교여성리더십연구원장

문득 한 청년의 모습이 떠오릅니다. 그는 신학대학에서 보기 드문, 밝은 인상의 학생이었습니다. 첫 만남이 어언 40년이 되어가니 참 오랜 인연입니다. 그는 캠퍼스 잔디밭에 옹기종기 모인 우리 여학생 무리에 어느 샌가 다가와 함박웃음을 보태곤 하였습니다. 어느 날 수업 후 심각한 표정을 한 그가 휴게실 모퉁이로 누이를 불러 앉혔습니다. 같은 반 동기가 생활고를 견디다 못해 며칠 전 스스로 생을 마감했다는 것입니다. 우리는 한창 나이에 먼저 간 친구를 지켜주지 못했음을 한탄했습니다. 학업과 사역을 핑계로 이웃에 무심했던 내 모습이 부끄러웠습니다. 윤창용 학생은 그간에 그 친구의 어려운 사정을 들어주고 돌봐주었던 것이지요.

긴 유학생활 후 추천인이 부산지방회의 교사교육 강사로 초빙되었을 때 다시 그를 만났습니다. 목회자로서 가정을 꾸리고 나이도 들었지만 그의 밝은 마음은 여전히 빛났습니다. 그래서 윤 목사님이 한우리교회 담임목회자로 청빙되었다는 소식에 누구보다 기뻐했습니다.

이 책을 읽으면서 저자 윤창용을 만납니다. 그는 성경이 쓰인 시대로 독자를 초대합니다. 또한 현재의 삶의 자리에서 이 여덟 명의 여인들의 상황을 살펴보라고 합니다. 이 여인들의 지혜와 신앙적 결단이 없었다면 과연 우리가 예수 그리스도를 만날 수 있었을까요? 남성들의 부족함을 채운 여성들의 헌신이 있었기에 구원의 축복이 임하게 된 것이지요. 우리네 가정사에서도 그렇듯이. 한편, 저자는 아직도 오해를 불러일으키는 몇 몇 여인들의 이야기에서 그녀의 잘못보다는 그렇게 바라보는 세상의 편견을 추적합니다. 오히려 하나님의 섭리를 따르다가 겪은 연단이 희망을 이끌어 내었음에 무게를 둡니다. 윤 목사님의 성품대로 그는 약자의 상처를 감싸며 모두를 끌어안습니다. 이리하여 언젠가 죄악된 세상이 천국으로 변하기를 꿈꿉니다. 저자는 성경의 여인들의 정신이 성도들에 의해 계승되길 바랍니다. 그래서 독자가 이 이야기를 완성하도록 여백을 남겨

돕니다.

다른 측면에서 저자 윤창용을 재발견합니다. 그것은 인간 삶에 대한 호기심입니다. 때로는 회화 작품으로, 시와 음악으로, 평범한 일상을 담은 사진으로 그는 이 세상을 여행하며 조망합니다. 목사님의 트렌디한 면모를 엿볼 수 있는 장면들입니다. 그의 다채로운 경험이 성경이해를 돕는 자원이 되었습니다. 그의 손에 들린 카메라 앵글은 한순간을 시 공에 묶어서 우리 눈에 비춥니다. 그것은 하나님이 만지는 순간입니다. 무심히 지나치던 이름 모를 여인과 조우하도록 열어주는 창입니다. 여기에 행간에서 읽히는 저자의 여성 존중의식과 신학적, 인문학적 내공이 책 내용에 신뢰를 더합니다.

그렇습니다. 가정에서, 사회에서, 교회에서 여성의 위치는 평균에 한참 미치지 못한 것이 우리의 현실입니다. 세상살이가 팍팍할수록 더 합니다. 사회구조적인 장벽도 그렇지만 여성다워야 한다는 통념에 갇혀 잠재력을 펼치지 못하는 여성 자신의 문제가 더 큼을 반성합니다. 이 책은 교회의 여성지도력을 세우기 위해 분투하는 우리에게 든든한 지원군입니다. 그래서 벌써부터 후속편에서 만날 새로운 이야기가 기다려집니다.

시작하는 이야기

세상을 안은 여인들

언젠가 여행 중에 특별한 두 개의 예술작품을 감상한 적이 있습니다. 하나는 1776년에 자크 루이 다비드Jacques-Louis David 가 그린 '사비니의 여인들의 중재'The Intervention of Sabini Women 이라는 제목의 그림입니다. 지금 프랑스 루브르 박물관에 있습니다. 다른 하나는 바티칸의 베드로 성전에 있는 피에타Pietá 입니다. 그 유명한 미켈란젤로Michelangelo di Lodovico Buonarroti Simoni가 1499년에 조각했다고 합니다. 두 작품에는 한 가지 공통점이 있습니다. 둘 다 여인들이 주인공이라는 것입니다.

사비니족 여인들은 로마가 처음 시작될 때 티베르의 일곱 언덕에 살던 불한당 같은 라틴족들이 사비니족과 화친을 가장한 축제를 벌인 후, 사비니족 남자들이 술에 취해 잠든 사이 납치해 간 여인들입니다. 그녀들은 그렇게 납치되어 라틴족 남자들과 결혼하고 그들의 아이를 가졌더랬죠. 그런데 사비니족 남자들이 가만있지 않았습니다. 두 부족 사이에는 당장 전쟁이 일어났습니다. 두 부족이 한참을 싸우고 있는데 그들 사이에 사비니족 여인들이 끼어들었습니다. 아이들을 안은 채 말이죠. 그녀들은 싸움터 한복판에서 이렇게 외쳤다고 합니다. "당신은 나의 남편이고 당신은 나의 오라비인데 둘이 싸우면 안 됩니다. 당신들에게는 나와 이 아이들이 있습니다." 칼과 창을 든 채 이야기를 듣던 사비니족과 라틴족 남자들은 당장 무기를 내려놓았습니다. 그리고 그 자리에서 서로 화해하고 함께 살기로 했습니다. 자기들의 여동생이자 딸이며 동시에 아내이자 자식들의 어머니인 여인들의 이야기에 순종한 것입니다.

미켈란젤로의 피에타 역시 주인공은 여성인 마리아입니다. 마리아는 우리가 잘 알고 있듯 예수님의 어머니입니다. 마리아는 십자가로 세상을 구원하고 죽은 아들을 품에 안고 슬퍼하고 있습니다. 그런데 가만히 들여다보면 마리아의 몸이 이상합니다. 마리아의 몸체는 여성의 가냘픈 것으로 보이지 않습니다. 오히려 큰 골격의 남성과 같은 모습입니다. 분명 어머니요 여인의 모습인데 몸체와 팔다리가 거대합니다. 마리아는 세상 죄를

자크 루이 다비드, 사비니의 여인들, 1799

감당하느라 고단하게 죽은 아들, 세상을 품은 아들을 자기 품에 안고 있는 것입니다. 그러자니 마리아의 몸은 균형이 맞지 않은 기이한 모습입니다. 그러나 세상의 구원자인 아들의 주검을 품기에는 충분합니다. 그렇게 세상의 구원자 우리의 구세주 예수는 어머니 마리아의 한없는 슬픔의 품에 안겨 있습니다.

여인들을 다룬 두 작품을 보고 난 후 저는 한동안 그 잔상에 깊이 빠져 있었습니다. 아버지 혹은 오라버니와 남편 사이에 끼어들어 양쪽을 노려보는 사비니 여인의 눈빛과 두 팔, 그리고 세상을 구원하고 죽은 아들을 품고 있는 마리아의 기괴한 듯 거대해 보이는 양어깨와 양팔을 잊을 수 없었습니다. 그 두 여인은 세상을 호령하고 세상을 휘휘 젓는 남자들의 세계에 뛰어들어 한편으로 그 남자들의 무도하고 광포한 몸짓을 꾸짖기도 하고, 다른 한편으로 그 남자들의 고단함을 보듬어 안아주기도 합니다. 지금이라도 당장 게으르고 자기 편리한 대로 생각하는 남편에게 불호령을 날리는 아내가 생각납니다. 지금까지도 넓은 품으로 다 큰 아들을 안아주시는 어머니가 생각납니다. 아침에 눈을 뜨면 세상이 전부 제 것인 양 호기로운 생각으로 들뜨다가도, 저녁나절이면 그런 자신이 한없이 부끄러워 아내와 어머니 앞에 다소곳이 무릎 꿇는 것이 남자들의 인생입니다. 이 두 여인은 그것을 깨닫게 해 줍니다.

세상을 움직이는 축은 확실히 우리의 생각과는 전혀 다른 곳에 있습니다. 이 세상은 강력한 의지로 세상 중심에 선 누군가보다는 그 옆에 조용히 계신 파트너의 훨씬 진중한 노력으로 유지되는 것 같습니다. 누군가 이런 말을 했답니다. "2차대전 후 미국 대통령들에게 퍼스트레이디들이 없었다면 진작에 세상은 핵으로 산산이 부서지고 말았을 것이다." 그렇습니다. 한 가지 확실한 것은 이 세상에 남자들만 있었다면 지금 우리가 아는 세상은 진작 없어졌을 것입니다. 그것 하나는 확실합니다. 하와가 없었더라면 아담은 에덴동산 이후의 삶을 꿈도 꾸지 못했을 것이며, 사라가 없었더라면 아브라함은 그냥 아브람으로 끝났을 것입니다. 밧세바가 없었다고 생각해 보십시오. 솔로몬은 없었을 테고 우리가 아는 다윗의 자손 예수는 다른 누군가의 후손으로 불렸을지 모릅니다. 말하자면, 여자들의 지극한 노력 덕분에 세상이 그나마 이 정도라는 말입니다.

그렇다고 제가 무슨 대단한 여권운동가는 아닙니다. 저는 여권운동의 의미는 동의하지만, 그 깊고 강도 높은 참여는 별로 즐겁지 않아 하는 평범한 남자입니다. 저는 지금도 기회만 닿으면 남자라는 권세와 지위를 앞세워 그것으로 편리를 취해보려는 사람입니다. 덕분에 저는 지금껏 아내에게 딸들에게 잔소리를 듣고 혼이 나고 그제야 세상이 바뀌었다는 생각으로 꿈에서 깨곤 하는 남자입니다. 그렇다 한들 제가 눈치도 없는 것은 아닙니다. 우리가 사는 세상이 성마른 남자들에 의해 띄엄띄엄 얼기설기 엮인 초가집 같다는 것쯤은 저도 잘 알고 있습니다. 그렇게 대충 지어진 세상 초가집을 그나마 사람 살만한 곳이 되도록 하는 일은 줄곧 우리 어머니들과 그리고 아내들의 몫이었다는 것을 잘 알고 있습니다. 그 정도 눈치가 있으니 지금껏 밥 굶지 않고 산 것입니다. 여권운동이니 남녀평등이니 이런 심각한 주제까지는 흘러가지 않더라도 이런 제목의 책까지 내는 마당에 남성이라는 꼬리표 정도는 접어두고 책을 내려 합니다.

이야기가 장황하게 흘러간 것 같습니다. 요지는 이렇습니다. 세상일들이 그렇듯이 성경 역시 남자들의 안목으로만 볼 일은 아닙니다. 성경은 확실히 남성들만의 이야기로 끝나지 않습니다. 아담에게는 하와가 있었고 아브라함에게는 사라가 있었습니다. 이삭에게는 리브가가 있었으며, 야곱에게는 라헬이 있었습니다. 아! 레아도 그리고 빌하와 실바도 있었습니다. 유다의 계보에는 다말이 자리하고 있습니다. 여호수아와 성난 히브리 남자들에게는 라합이라는 길잡이가 있었으며, 보아스에게도 나오미와 룻이 있었습니다. 다윗과 솔로몬에게는 밧세바가 있었으며, 무엇보다 예수님에게는 어머니 마리아가 있었습니

미켈란젤로 부오나로티, 피에타, 1499

다. 성경의 이야기들은 분명합니다. 성경의 이야기들은 남자들만의 건조한 투쟁과 쌈박질로 끝나지 않습니다. 성경의 훌륭한 남자들이 각자 신앙의 최고봉에 오르는 순간순간, 그들의 인생 골짜기에는 여인들의 보이지 않는 헌신과 충성, 과감한 결단과 결행의 비하인드 스토리가 있었습니다. 만일에 성경을 남자들의 이야기로만 읽어내려간다면 그것은 팥이 들지 않은 밋밋한 밀가루 덩어리를 삼키는 것과 같습니다.

물론 이 책이 성경의 여인들 이야기를 각각 스토리들의 양념 정도로만 보려는 것은 아닙니다. 오히려 그 여성들의 이야기가 남성들의 이야기보다 월등한 스토리를 담고 있다는 압도적인 이야기로 만들어 보려고 합니다. 하와는 분명히 아담의 의지박약을 압도합니다. 리브가 역시 우유부단한 외아들 남편 이삭을 넘어서 주체적으로 하나님의 언약의 역사를 개척하려는 의지가 엿보입니다. 라헬의 사랑이 펼친 미래는 요셉으로 말미암아 구원의 문으로 열립니다. 더불어 다말은 미련곰퉁이 남자들만 가득한 집안과 세상 한복판에서 오직 자기만의 의지로 하나님의 역사를 실현하는 감동적인 이야기입니다. 라합의 모습은 두려움에 사로잡힌 여호수아와 이스라엘 백성들에게 등대와도 같습니다. 더불어 룻은 길을 잃고 헤매는 하나님의 백성들에게 참된 안내자와 같습니다. 밧세바는 어떻습니까? 결국에 분연히 일어선 한 여인의 의연함으로 하나님의 백성들의 나라는 나아가야 할 길을 엿보게 되었습니다. 결국에 우리는 마리아의 지극한 헌신과 순종에서 그녀의 삶이 가져다주는 인류 전체를 향한 파급효과를 보게 됩니다.

이 책이 다루는 여인들을 가볍게 볼 수 없습니다. 그녀들은 한결같이 각자의 삶의 무게, 사명의 무게를 진중하게 다루고 여자다움으로 주어진 과제를 온전히 해결한 참 신앙인들입니다. 남자들이 큰 발로 성큼성큼 나아가는 사이사이, 이 책에 등장하는 여인들은 부지런히 자기들의 발걸음을 움직였습니다. 그래서 버거워 보이기도 하고 그래서 힘들어 보이기도 합니다. 그렇다고 그녀들이 자기들의 삶의 무게를 내려놓은 것은 아니었습니다. 이것이야말로 이 책이 '성서의 여인들'이라는 제목으로 진중하게 접근해 보려는 핵심입니다. 성서의 여인들은 주어진 삶과 사명의 무게를 그녀들만의 특별한 방법으로 담대하게 감당하고 또 실현했습니다.

이 책은 성서를 묵상하며 얻은 여성들에 관한 이야기와 더불어, 성서의 여인들이 보여준 신실함을 살아있는 이야기로 보여준 우리네 어머니들, 아내들, 누님들 그리고 딸들을 위한 책입니다. 다만, 당신네 아들이, 남동생이 그리고 남편이자 아버지가 썼으니 얼마나 부족함이 많을지는 읽으면서 충분히 느끼시기를 바랍니다. 그리고 책이 가진 부족함은 여러분의 풍성함과 신실함으로 그 행간에, 그 자간에 친히 메워주시기를 바랍니다. 그렇게 해 주시면 이 책은 여러분과 더불어 온전한 책, '성서의 여인들'이 될 것 같습니다. 더불어 저는 이 책을 남성들도 좀 읽어주기를 바랍니다. 스스로 완전하여 슈퍼맨 같다는 분들은 이 책을 읽지 않아도 됩니다. 스스로 부족한 아들이자 오라비, 그리고 남편이자 아버지라 여기는 분들이라도 이 책을 읽어주시면 세상은 조금이라도 더 풍성하고 아름다운 세상이 되리라 믿습니다. 성서의 여인들이 만든 세상처럼 말입니다.

이 책을 쓰고 집필하면서 성서의 여인들뿐 아니라 매일 매주 마주치는 우리 일상의 위대한 여인들도 묵상했습니다. 그녀들은 사랑스러운 딸로서, 누나로서, 여동생으로서, 아내로서, 어머니로서 그리고 할머니로서 자기 인생에 주어진 가족들의 무게감을 충실히 감당하며 사는 모습을 보여주었습니다. 때로 동반자인 남편들이, 아버지들이 그리고 오라비들이 내던진 무게감마저 그녀들은 자기의 것인 양 신실하게 감당하는 모습을 보여주었습니다. 그렇게 우리 삶과 세상 곳곳 빈틈을 메워주고 채워준 것이 바로 우리네 여인들이었습니다.

이 책은 몇 달에 걸쳐 여러 곳에서 설교한 것들을 보완하고 정리해서 낸 것임을 밝혀 둡니다. 이 책을 만드는 일은 저만의 노력으로 가능하지 않았습니다. 이 책의 자료와 원고를 정리하는 일은 나의 동역자들의 수고와 헌신이 동행했기 때문에 가능했습니다. 책이 출판되도록 기도해주시고 지원해 주신 한우리교회 장로님들께 감사드립니다. 한우리교회 목회자들에게 감사드립니다. 이 책의 내용에 대해 함께 대화해 준 여러분들과 친구들에게도 감사드립니다. 무엇보다 이 책이 한 권의 책이 될 수 있도록 수고해 준 토비아 출판사 여러분에게도 감사드립니다.

저는 부족한 목사입니다. 저는 동시에 부족한 아들이며, 남편이며 그리고 아버지입니다. 그것을 알게 해 준 내 인생의 하와, 리브가, 라헬, 다말, 라합, 나오미, 룻, 밧세바, 그리고 마리아에게 감사드립니다. 저의 부족함에도 주저함 없이 제 옆에 함께 해준 아내에게 감사드립니다. 그대들은 그 모든 부당함에도 굴하지 않고 세상을 안은 여인들입니다. 위대한 하나님의 사람들입니다. 무엇보다 늘 제 곁에서 기도해주신 한우리교회 성도들에게 감사를 드립니다. 진심으로 사랑합니다.

2020년 11월 6일
윤창용

생명의 여인
하와

> 아담이 그의 아내의 이름을 하와라 불렀으니
> 그는 모든 산 자의 어머니가 됨이더라
> 창세기 3장 20절

당신은 나의 동반자

하와Hawah/Havah, 하바 혹은 이브는 환영받지 못하는 성경 인물의 대표입니다. 알려진 바와 같이 그녀가 뱀의 유혹에 넘어가 아담을 유혹하고 아담과 함께 선악과를 따먹는 바람에 인간이 타락하게 되었다는 것입니다. 그래서 사람들은 자신의 불행이 인류의 선조인 그녀가 유혹을 이기지 못하고 선악과를 딴 것 때문이라고 탓을 합니다. 그러나 하와에게 꼭 부정적인 면만 있는 것은 아닙니다.

매튜 헨리 Matthew Henry는 창세기 2장 23절 "여호와 하나님이

미켈란젤로 부오나로티, 천지창조: 하와의 창조, 1510

아담을 깊이 잠들게 하시니 잠들매 그가 그 갈빗대 하나를 취하고 살로 대신 채우시고"를 이렇게 해석했습니다. "남자는 정제된 흙이다. 그러나 여자는 두 배로 정제된 흙이다." 그러면서 "아담은 그냥 흙으로 만드셨기 때문에 생령을 부어 생명이 되게 하셨지만, 하와는 살아있는 아담의 신체 일부, 즉 살아있는 생명으로 만들었기 때문에 훨씬 더 심혈을 기울여 만드셨다."고 말했습니다. 하나님께서는 남성 아담에 비교해 여성 하와를 만드는데 더 많은 공을 들이셨습니다. 적어도 하나님에게서는 하와에 대한 부정적인 생각이나 차별적인 생각을 발견할 수 없습니다.

차별이나 부정적인 생각은 오히려 인간사에 있습니다. '남자가 좋아하는 여자'라는 글을 보니 요즘 남자들은 '당당하고 능력 있는 여자들'을 꺼린다고 합니다. 남자들은 자라면서 내내 강하게 살아야 한다고, 그래서 동료 인간 여자를 책임지고 보호해야 한다고 배웁니다. 이런 식의 사회적 가르침을 받은 남자들은 자신의 도움이 전혀 필요 없는 여자를 만나면 일단 당황합니다. 남자들은 확실히 앞서가는 여자, 도전적인 여자, 아는 것이 많은 여자, 가진 것이 많은 여자, 그래서 남자보다 '쎄'보이는 여자는 별로 좋아하지 않습니다.

그런데 남자는 여자가 필요합니다. 남자는 혼자 살 수도, 설

수도 없습니다. 세상에 태어나기 위해서라도, 가정과 공동체 가운데 살아가는 일에서도, 그리고 요즘 세상에 당장 집이라도 한 칸 장만하려 해도 남자는 여자의 도움이 절대적으로 필요합니다. 남자들은 자기들의 우월함을 앞세우며 잘난 여자들을 비난하다가도, 정작 살아가는 일상의 면면에서 여자의 도움과 인도를 절실하게 느끼고는 합니다. 자기들끼리는 잘난 맛에 이죽거리다가도 무엇 하나 제대로 하지 못하는 존재가 남자들입니다. 남자들은 왜 못나게 이런 이중적인 생각으로만 살까요? 성경은 남자와 여자의 태생이 이유라고 말합니다. 남자는 별수 없이 흙으로 만들었지만, 여자는 남자의 생명의 일부를 기반으로 훨씬 더 잘 창조되었기 때문입니다. 그러니 혼자 멍하니 있으면 그저 흙일 뿐인 남자는 그 삶에 의미가 되어 주는 동반자인, 여자가 필요합니다.

하와라는 이름

아담Adam은 '땅'이라는 단어 '아다마'*adama*, 창 1:25에서 비롯되었습니다. 창세기 2장 7절은 하나님께서 아담을 창조하실 때 쓰신 재료를 '아다마'가 아닌 다른 표현 '아파르'*apar* 즉 '흙먼지'를 사용합니다. '아다마'와 '아파르' 이 두 단어를 연결하면 아담이라는 존재의 근원을 '땅의 먼지'라고 할 수 있습니다. 하나님께서 '땅의 흙'으로 아담을 빚으셨으니 그 이름은 당연합니다.

그렇다면 하와의 뜻은 무엇일까요? 아담은 창세기 3장 20절에서 자신의 아내를 바라보며 하와라는 이름을 지었습니다. 하와는 '생명' 또는 '살아있다'라는 의미가 있습니다. 아담이 그 이름을 지었는데, 아마도 그가 하와와 함께 하는 가운데 진정한 '살아있음'을 느꼈다는 의미일 것입니다. 하와가 자신을 불러주고 상대해주고 함께해주는 것을 경험하면서 아담은 자기가 죽지 않고 살아 생동하고 있음을 느꼈습니다. 아담은 또 하와를 통해 자신이 번성할 수 있음을 알게 되었습니다. 하와에게서 하나님께로부터 받은 자신의 '생명'을 이을 수 있다는 뜻에서 그렇게 이름을 지었을 것입니다. 실제로 그는 하와에게서 자신의 대를 이을 자손을 낳습니다. 그러니 아담이 하와를 모든 산 자의 어머니라 부른 것은 맞는 말입니다.

흥미로운 것은 아담이 타락하여 하나님께로부터 저주를 들은 후에 아내의 이름을 지었다는 것입니다. 아담은 처음 아내를 만났을 때 그냥 '여자'창 2:22 즉 '이샤'*Isha*라는 이름 말고 다른 이름을 부여하지 않았습니다. 아담은 자기가 살던 동산 가

아담이 그의 아내의 이름을 하와라
불렀으니 그는 모든 산 자의 어머니가
됨이더라

창세기 3장 20절

운데 있는 동물들에게 모두 이름을 지어주었는데[창 2:19] 자신의 동반자에게도 동일하게 이름 짓기 작업을 했고 그렇게 부여된 이름이 우리가 보통 사용하는 '여자'였습니다. 동산에서 하와는 그냥 아담과 함께 있는 여자였습니다. 아담은 처음 만난 자신의 동반자를 좋아했습니다. 무척이나 아꼈습니다. 그래서 그 동반자 여자를 "내 살 중의 살이요 뼈 중의 뼈"라고 했습니다. 그리고는 그 동반자에게 그냥 '여자'라는 이름을 붙여 두었습니다.

그러던 중 상황에 반전이 발생했습니다. 자신이 '여자'라고 부르던 그 동반자가 '사고'를 친 것입니다. '돕는 배필'로서 자신을 잘 도와주던 '여자'가 뱀의 꼬임을 받았고 결국에 자기도 그 꼬임에 넘어가게 만들어버렸습니다. 처음 아담은 당황했을 것입니다. 하나님께서 주신 이 '여자'가 스스로 앞서 행동하는 바람에 큰일이 일어났다 싶었을 것입니다. 그는 결국 하나님께 "하나님이 주셔서 나와 함께 있게 하신 '여자'가 그 나무 열매를 내게 주므로 내가 먹었나이다."라고 변명했습니다. 나서지 말고 그저 돕기나 할 것이지' 하는 마음으로 불평했을 것입니다. 어쨌든 아담이 이렇게 말하는 순간 그 '여자'는 아담과 멀어졌습니다. 더는 뼈 중의 뼈나 살 중의 살이 아니었습니다. 그렇다고해서 하나님의 진노와 벌은 돌이킬 수 있는 것이

아니었습니다. 그들은 '함께' 하나님의 저주를 받았습니다.^창
3:16~19

아담으로서는 황당합니다. 하나님께서 주신 그 '여자'가 사고를 치고 벌은 함께 받게 된 것입니다. 그러나 아담은 곧 정신을 차렸습니다. 그는 하나님의 벌에 그 '여자'와 갈라서 따로 살라는 조항은 없다는 것을 알게 되었습니다. 아담은 곧 벌 받은 처지의 삶도 동행하게 된 '여자'를 잘 살폈습니다.

그는 자기 멋대로 함부로 행동하던 동반자에게서 미래의 향기를 느꼈습니다. 그 '여자'에게서 '그들'의 미래를 보게 되었습니다. 아담은 이제껏 그냥 '여자'라고 부르던 이름을 바꿨습니다. 그렇게 주어진 이름이 바로 '하와'Hawah입니다. 우리는 아담이 자신의 아내의 이름을 '하와'로 부르게 된 이유를 이렇게 해서 밝히 알게 됩니다. 참, 보통 영어권에서 쓰는 이브Eve는 히브리어인 하와가 '하바'*Havah/Chavah*로도 읽힐 수 있는 차원에서 '바' 발음에 기원하여 '이브'로 바뀐 것입니다.

그렇게 이름을 갖게 된 하와는 모든 것이 끝이다 싶고 모든 것이 절망스러운 상황에서 희망의 첫 싹이고 가능성이며 미래를 여는 존재입니다. 하와는 아담을 포함한 모든 인류가 절망하는 가운데 주저앉아 있을 때 미래와 생명이 자신 안에서 생동하여 일어서고 있음을 암시하고 그것을 모든 인류에게 전하는 존재입니다. 하와는 그렇게 아담과 더불어 가인과 아벨을 낳고, 가인이 범죄하여 동생을 죽인 후에도 다시 셋을 낳았습니다. 하와는 생명이며 인간 회복의 가능성이며 길이었던 것입니다.

냉소적인 철학자 니체는 그의 책 『안티크리스트』*Anti-Christ*에서 "여자는 하나님의 두 번째 실수"Woman was God's second mistake.라고 했습니다. 니체는 "천지를 창조하신 하나님께서는 지루해하셨다. 그래서 만든 것이 남자 사람이었다. 그런데 하나님의 지루함은 없어지지 않았다. 하나님의 지루함은 여전했다. 그래서 만든 것이 두 번째 실수, 여자이다." 라고 말했습니다. 그리고 "여자는 하나님의 실수를 단번에 날려버렸다. 그는 뱀의 유혹에 넘어갔고 남편을 유혹해서 선과 악을 알게 하는 나무 열매를 먹었다. 그리고 세상에는 하나님에 대한 저항이 생겨났다. 여자가 세상에 나온 이래로 하나님은 지루해할 틈이 없어져 버렸다." 라고 말했습니다. 니체에 의하면 하와는 하나님의 지루함을 단번에 날려버린 존재이기도 하지만 세상에 죄로 인한 곤고함을 가져온 존재이기도 한 것입니다.

그러나 아담은 하와에게서 전혀 다른 면모를 찾아냅니다. 그는 처음 그녀를 여자라 부르며 느꼈던 "돕는 배필"의 마음, "하나님께서 주신 가장 큰 선물"이라는 마음을 타락 이후에도 변함없이 품었습니다. 처음 여자가 자기보다 앞서 나가 문제를 키우고 결국에 하나님께 혼이 날 때는 그 여자에게서 멀어지고 싶은 마음이 있었지만, 죄로 인한 고통의 세월을 동반하여 살아가게 되었을 때는 그가 원래 고백했던 사랑으로 돌아간 것입니다. 사도 베드로는 믿는 자의 가정에서 아내를 "연약한 그릇"이라고 했습니다.벧전 3:7 깨지기 쉽고 예민한 존재가 여자라는 말입니다. 그리고 베드로는 여자요 아내인 존재에 대해 이렇게 평가합니다. "또 생명의 은혜를 함께 이어받을 자로 알아 귀히 여기라" 베드로의 고백에는 확실히 아담이 동반자인 여자에게 '하와'라는 이름을 부여했을 때의 마음이 담겨 있습니다. 깨지기 쉬운 그릇이지만 여자를 아내로 대하면서 그 아내에게서 생명의 은혜를 함께 누리게 되리라는 것입니다. 남자들 입장에서는 앞서는 여자들이 부담스러울 수도 있겠습니다. 그러나 그 여자들이 어느 순간 남자들에게 '하와'로 다가오면 그 연약한 그릇 같은 존재 안에 생명이 자라고 희망이 싹트며 미래가 성장하게 됩니다.

새로운 희망
창세기 4장 25~26절 다시 읽기

이쯤 되면 이 장을 읽으시는 여성분들이나 혹은 옆에서 투덜대고 계신 남성분들이나 성경이 기본적으로 전제하는 '여자'라는 존재의 의미를 십분 이해하게 되셨으리라 믿습니다. 성경은 여자라는 존재가 사고를 치기는 쳤는데 그 사고로 여자라는 존재를 싸잡아 비난하기는 어렵다는 사실을 가르칩니다. 사실 선악과를 먹게 된 것이 여자의 호기심과 유혹에 쉽게 넘어가는 성정 때문이라고 말하는 것은 옳습니다. 그렇다고 선악과를 따먹은 행위를 스스로 저지른 아담의 행위가 가려지는 것은 아닙니다. 사고의 발단은 여자라 할지라도 그 진행 과정과 결과 모두에서 남자가 무죄하다거나 도덕적으로 혹은 영적으로 훨씬 우월하다는 것을 의미하는 것은 아닙니다. 이 부분에서 남성들은 정신을 차려야 합니다. 옆에 앉은 여자 사람들이나 특히 '아내'에게 코웃음은 칠 수 있을지언정 비웃거나 비하하거나 자신의 우월함을 앞세울 처지는 아니라는 말입니다.

성경은 '하와'를 중요하게 다룹니다. 이제 아담과의 관계에서 하와의 역할이 얼마나 중요했는지에 대해 성경을 공부하며

아담이 이르되
이는 내 뼈 중의 뼈요 살 중의 살이라
이것을 남자에게서 취하였은즉
여자라 부르리라 하니라

창세기 2장 23절

배워보도록 하겠습니다.

창세기 3장 20절을 복습하자면 아담은 타락하여 하나님께로부터 저주의 이야기를 듣게 된 후 에덴동산에서 쫓겨나는 중에 그의 아내에게 정식으로 이름을 지어주게 됩니다. 그 이름이 바로 '하와'입니다. 여기서 '하와'라는 이름은 아담과 하와라는 인류 최초의 타락한 세상 속 공동체에 중요합니다. 아담과 하와는 창세기 1장 28절에서 하나님께서 그들에게 부여하신 사명을 잘 기억하고 있었습니다. 그들은 생육하고 번성하여 땅에 충만해야 할 사명이 있었습니다. 하나님의 형상으로 지음 받아 하나님의 뜻을 잘 아는 이들을 이 땅 가운데 충만하게 하는 일이 그들에게 중요한 사명이었습니다.

그런데 지금 그 청지기 사명이 무너진 것입니다. 그 좌절 가운데서 아담은 아내인 하와에게서 그리고 하와 역시 자기 자신에게서 희망을 보게 됩니다. 그들은 서로 사랑하는 가운데 특별히 하와에게서 생명이 자랄 수 있음을, 그래서 그 생명이 원래 그들에게 주어진 하나님의 사람으로서 생동하는 청지기적 삶을 이어가도록 할 수 있음을 깨닫게 되었습니다. 희망이 이어질 가능성을, 상실한 상황에서 한 가닥 길이 보이게 된 것입니다. 아담도 하와도 생명을 이어가게 하신 하나님께 감사했습니다.

그다음 읽을 부분은 창세기 4장 1절과 2절입니다. 아담은 하나님의 청지기로 살던 동산에서 나와 그 근처에서 살게 되었습니다. 그는 거기서 아내 하와와 더불어 "땅을 갈며" 살게 되었습니다.창 3:23 그들은 더는 옛날 그 동산으로 돌아갈 수 없었습니다. 아담은 하와와 함께 살면서 아이들을 갖게 됩니다.창 4:1-2 실제로 하와는 그 이름과 같이 생명을 품고 모든 산 자의 어머니가 되었습니다. 타락하여 죽을 수밖에 없는 유한한 인생을 살게 된 아담으로서는 감사할 만한 일이었습니다. 혼자 살았다면 있을 수 없는 일이었습니다. 동행하는 하와가 있었기 때문에 가능한 일이었습니다. 그런데 뜻밖의 일이 일어났습니다. 그의 아들들 가운데 큰아들 가인이 동생 아벨을 시기하다가 들판에서 그를 돌로 쳐 죽이고 만 것입니다.창 4:8 아담과 하와에게 생명이며 그들이 살아있다는 증거이고 미래인 자녀 가운데 하나가 죽고 말았습니다. 그것뿐이 아닙니다. 나머지 아들 그러니까 동생을 살해한 가인은 결국 아담과 하와의 곁을 떠나야 했습니다.창 4:12 동생을 죽인 가인이 아버지와 어머니 곁에 머물러 있을 수는 없었습니다. 결국 아담도 하와도 희망이며 생명을 잃게 되었습니다. 이것은 아담만의 절망이 아니었습니다. 하와에게도 절망이었습니다. 그러나 그것은 그들 부부 이야기의 끝이 아니었습니다. 하와에게는 여전히 희망이 있었습니다.

이제 마지막, 창세기 4장 25절과 26절을 읽어 보겠습니다. 졸지에 아들 둘을 잃은 아담과 하와 부부에게 이런 일이 있었습니다.

> 25 아담이 다시 자기 아내와 동침하매 <u>그가 아들을 낳아</u> 그의 이름을 셋이라 하였으니 이는 하나님이 내게 가인이 죽인 아벨 대신에 다른 씨를 주셨다 함이며
> 26 셋도 아들을 낳고 그의 이름을 에노스라 하였으며 그 때에 사람들이 비로소 여호와의 이름을 불렀더라

아담과 하와는 희망을 내려놓지 않았습니다. 무엇보다 하나님께서 그들에게 맡기신 생육하여 번성하리라는 약속을 지키시리라 믿었습니다. 그리고 둘은 다시 노력했습니다. 그리고 셋째 아들 '셋'을 얻게 됩니다. 말씀에 기록된 대로 하나님께서 죽은 아들 아벨을 이어 다른 아들을 주신 것입니다. 여기서 흥미로운 것은 25절의 주어입니다. 우리가 읽는 한글 성경에는 이 절의 주어가 남자인 아담으로 되어 있습니다. "그가 아들을 낳아"라고 말입니다. 우리는 이 부분에 관해 부담을 느끼지 않습니다. 남성 중심의 유교적 문화권에서 남자가 아이를

낳는다는 표현은 그냥 대를 잇는다는 표현으로 편하게 해석됩니다. 그러니 어느 날 아침에 이 구절을 읽는 한 남성이 '남자가 아이를 낳다니…'라고 생각할 리는 없습니다. '음, 아담이 아들을 얻었구나. 하와가 또 고생 좀 했겠군.'이라고 생각했을 것입니다. 문제는 히브리어 원문입니다. 25절의 '그가 아이를 낳다'라는 말의 주어가 히브리어에서는 여성으로 되어 있습니다. 즉, 하와가 낳았다는 말입니다. 당연히 이후 구절에 '하나님께서 내게 가인이 죽인 아벨 대신에 다른 씨를 주셨다'는 말은 여성의 편에서 그러니까 하와의 편에서 그녀를 주어로 두고 읽어야 합니다. 이 말은 하와의 신앙고백과 같은 말이 되는 것입니다. 일단 대한성서공회에 이 부분에 대해 문제를 제기해야겠습니다.

적어도 창세기 4장 25절의 중심은 하와입니다. 이 절에서 하와는 주체자이며 책임 있는 하나님의 피조물이었습니다. 아이를 낳은 것도 하와이고 그 아이에 대한 믿음의 고백을 한 것도 하와입니다. 지금 하와는 두 아들을 잃은 상황에서 아담보다도 훨씬 주체적으로 상황을 넘어서고 있습니다. 아담과 함께 살아가는 세상에서 희망을 잃었을 때, 하와는 그의 이름과 같이 생명이 그녀에게서 다시 태어날 수 있음을 확신하고 남편 아담과 자신이 살아 있음을 확신하여 하나님의 은혜 가운데 믿음의 길을 걸어갔습니다. 이것이 바로 하와의 진정한 모습입니다. 이제 우리는 하와에게서 남편이나 유혹하는 존재라는 허울을 벗겨내야 합니다. 그녀를 믿음의 길을 걸었던 신앙의 사람들을 위한 명예의 전당에 세워야 합니다.

하와, 깊은 믿음의 사람

하나님께서 아담에게 '여자'를 선물로 주셨을 때, 하나님께서는 그 '여자'가 아담에게 '돕는 배필'이기를 바라셨습니다. '돕는 배필'이라는 말은 히브리어로 '에제르 케네그도'입니다. 이 말은 한편으로 잘 돕는다는 의미를 갖고 있습니다. 그런데 다른 한편으로 이 말은 '돕되 바르게, 때로는 맞서기도 하면서 against 제대로 돕는다.'라는 의미도 있습니다. 하와는 아무래도 이 '돕는 배필'의 역할에 최선을 다한 믿음의 여인이라고 해야 옳을 것 같습니다. 그녀는 에덴동산에서 쫓겨난 남편에게 희망이 되었으며 그 희망을 실제로 믿음 가운데 실현한 여인이었습니다. 그녀는 아들 둘을 잃어 온 가정과 나아가 온 피조세계에 절망의 그림자가 가득할 때 절망하여 주저앉은 남편을 잡아 일으키며 스스로 희망이 된 진정한 '돕는 배필'이었습니다.

이제 마지막으로 깊은 신앙의 사람 하와에 대해 다음의 세 가지를 제안하며 이야기를 정리해 보도록 하겠습니다.

1. 하와는 동행하는 남편에게 길을 여는 참된 여인이었습니다. 하와는 자신도 책임이 있는 '인간 최초의 타락'과 그 결과로 벌어진 추방, 그리고 고통스러운 삶의 정황에서 무엇을 어떻게 해야 할지 모르고 서 있는 동반자 아담에게 희망의 길을 보여준 여인이었습니다. 그녀는 절망한 아담에게 자신이 누구인지를 보여주었습니다. 자신과 함께하면 희망이 열리고 생명이 살아나고 결국에 모두가 살아 생동하게 될 것에 대해 암시했습니다. 그러자 아담은 '여자'를 가만히 바라보았습니다. 그리고 그녀가 말하고 보이는 모습이 틀린 것이 아니라는 것을 깨닫게 되었습니다. 당장에 아담은 그녀를 '하와'라고 이름 짓고 그녀와 동행하는 삶을 시작했습니다. 하와는 길을 잃은 아담에게 희망의 길이 되었습니다.

2. 하와는 세상 모든 산 자의 어머니로서 생명의 개척자가 되었습니다. 아담의 두 아들 가인과 아벨의 사건은 아담과 하와 가정에만 문제가 되었던 것이 아닙니다. 그것은 인류 전체에게도 문제가 되는 일이었습니다. 세상 모든 피조물에 대한

청지기 사명을 다하는 하나님의 사람들에게도 큰 위기였습니다. 아담은 이번에도 절망했습니다. 이번에는 완전히 무너졌을지도 모릅니다. 그때 믿음의 사람 하와가 또 한번 자리를 지키고 남편 아담을 이끌었습니다. 하와는 스스로 주체자가 되어 그 상황을 이끌었습니다. 아담과 함께 새 아들을 얻기 위해 노력했습니다. 이번에도 하나님께서는 하와와 함께하셨습니다. 그리고 그들에게, 아니 온 인류와 피조물에게 셋이라는 아들을 선물로 주셨습니다. 하와는 이 모든 것이 하나님의 은혜인 것을 알았습니다. 그리고 신실하게 아담과 그녀의 셋째 아들 '셋'을 얻었습니다. 우리는 이 '셋'을 통해 에노스와 에녹 그리고 노아와 아브라함 및 예수님께로 이어지는 진정한 하나님의 사람들의 계보가 이어지는 것을 알고 있습니다. 결국에 그녀는 아담과 그 가정을 넘어서 온 인류와 피조물에 희망이며 생명이고 참 어머니였습니다.

3. 하와는 하나님을 향하여 신실한 신앙인이었습니다. 하와는 스스로 범죄하여 하나님 앞에서 책임을 회피하기도 했으나 세상 가운데에서 한 여성으로 살아가게 되었을 때 자신의 이름에 걸맞는 길을 열었습니다. 그녀가 외친 한 마디 '하나님께서 내게 가인이 죽인 아벨 대신에 다른 씨를 주셨다'라는 말은

성경 전체를 통틀어 여성 최초의 신앙고백이라고 할 수 있습니다. 하와는 불순종에서 고통스러운 삶, 고통스러운 삶에서 슬픔 가득한 삶, 그리고 다시 희망을 이야기하는 삶으로 이어지는 역경의 과정을 거친 여인이었습니다. 그녀는 남편과 함께 자기를 뱉어내는 땅을 일구며 살았고 죽은 아들을 끌어안고 눈물 흘렸으며 또 다른 아들은 떠나보내야 했습니다. 그녀는 슬펐고 비참했습니다. 그러나 그 과정 내내 하와는 남편과 모든 피조물, 나아가 하나님을 향해 자신의 이름값을 다한 여인이었습니다. 그녀는 결국에 그 모든 인생사를 신앙고백으로 끌어올릴 줄 알았던 여인이었습니다.

섭리를 이끌어 낸 여인
리브가

어머니가 그에게 이르되 내 아들아 너의 저주는 내게로 돌리리니
내 말만 따르고 가서 가져오라
창세기 27장 13절

하나님의 에이전트

아브라함이 백 세가 되어 얻은 이삭은 천하에 귀한 아들입
니다. 늦게 얻은 것도 그렇지만 어릴 적 모리아 산에서 하나님
께 바쳐질 뻔했던 경험이 더욱더 그렇습니다. 아브라함이나
사라로서는 이삭이 더 귀하게 여겨지는 상황이었을 것입니다.
그렇게 세월이 흘러 사라는 127세 되던 해에 죽었습니다.^{창 23:1}
아브라함은 137세, 이삭은 37살 되던 해였습니다. 평생의 동지
이며 동반자인 아내 사라를 안타까운 마음으로 보내고서, 아
브라함은 자신도 나이가 많이 들었음을 깨달았습니다. 늦게

지오아키노 아세라토, 야곱을 축복하는 이삭, 그리고 리브가, 1620

얻은 아들마저 결혼도 하지 못한 채 서른일곱 살이 되었습니다. 아브라함은 어서 결혼을 시켜 대를 잇도록 해야겠다고 생각했습니다.

아브라함은 이삭의 결혼을 위해 그와 오랫동안 함께한 지혜롭고 늙은 충복 엘리에셀과 의논하고 그를 그의 형제 가족들이 사는 메소보다미아의 나홀 성으로 보냈습니다. 아브라함은 아들의 반려자요 본인의 며느리를 현 거주지 가나안 사람들 사이에서 얻고 싶은 마음이 없었습니다. 그래서 아브라함은 엘리에셀에게 "너는 내가 거주하는 이 지방 가나안 족속의 딸 중에서 내 아들을 위하여 아내를 택하지 말고 내 고향 내 족속에게로 가서 내 아들 이삭을 위하여 아내를 택하라"고 부탁했습니다._{창 24:3,4}

일단 엘리에셀은 주인 아브라함과 더불어 한 가지를 확인했습니다. 자신이 선택한 여인이 아브라함의 고향 땅에 머물고 이곳 가나안으로 오지 않겠다고 하면 이삭이 그녀에게로 가서 거기서 살아야 하는지에 대한 문제였습니다. 그때 아브라함은 분명하게 선언했습니다. "내 아들을 그리로 데리고 돌아가지 아니하도록 하라."_{창 24:6} 아브라함은 하나님께서 자신과 자신의 자손에게 약속하신 땅에 대한 확신이 있었습니다. 그 약속은 당연히 이삭이 이어가야 할 것이었습니다. 엘리에셀은 남편과 더불어 사명의 땅에서 살 수 있는 여인을 구하는 분명한 과제를 품게 되었습니다. 엘리에셀은 지혜롭고 충성스러운 종이었습니다. 당장에 그는 하나님께 기도했습니다. "우리 주인 아브라함의 하나님 여호와여 원하건대 오늘 나에게 순조롭게 만나게 하사 내 주인 아브라함에게 은혜를 베푸시옵소서"창 24:12 그리고 지혜로운 안목으로 아브라함의 집안에 어울릴 여인을 물색했습니다. 그녀는 하나님께서 아브라함에게 주신 땅에서 번성하는 사명을 신실하게 받들고 함께 해야 합니다.

종교개혁가 울리히 쯔빙글리Ulrich Zwingli는 언젠가 "당신은 하나님의 도구입니다. 하나님께 부름 받아 하나님의 일을 하게 된 당신은 참으로 행복한 사람입니다."라고 말한 적이 있습니다. 하나님의 섭리providence는 초자연적인 놀라움으로 일어나기도 합니다. 그러나 하나님의 인간 역사에 개입하여 이루시는 섭리는 대체로 인간을 에이전트agent로 하여 이루어지는 경우가 대부분입니다. 아담으로부터 셋, 에녹, 노아 그리고 아브라함 등 모두가 바로 이런 하나님의 섭리의 에이전트였습니다. 사라 역시 하나님의 신실한 에이전트였던 것은 마찬가지입니다. 이제 하나님께서는 그 에이전트의 역할을 이삭과 그 아내 리브가에게 넘기시고 계속해서 하나님의 뜻을 협력하여 이루도록 하십니다. 이런 면에서 리브가 역시 훌륭한 하나님 섭리의 에이전트였습니다. 그녀는 누구보다 하나님의 뜻에 밝았습니다. 그리고 능동적으로 협력했습니다. 때로는 우유부단해 보이는 남편보다 앞서기도 했습니다. 이제 하나님의 멋진 협력자 리브가를 살펴보겠습니다.

엮어낼 줄 아는 여인

리브가Rebekah, Rebecca, 혹은 레베카라는 이름은 오늘 서구사회에서 많이 사용하는 이름입니다. 리브가라는 이름의 정확한 어원을 알아내기는 쉽지 않습니다. 그렇지만 유대인들의 전통과 기독교 전통에서 부여해 온 뜻을 살펴보면, 그 이름에는 "아름다움으로 묶어내다"fettering by beauty라는 의미가 있습니다. 그런데 'fetter' 즉, '묶다'는 사실 영어에서 '속박하다' 혹은 '구속하다'라는 부정적인 의미로 더 많이 사용됩니다. 그렇게 보면 리브가라는 이름은 자기 뜻대로 남자들이나 남편을 묶어두는 여자를 뜻하는 것일 수 있습니다. 그런데 이 이름은 그 일반적인 의미에서 전혀 다른 용도를 품고 있기도 합니다. 리브가라는 이름은 달리는 말의 부러지기 쉬운 발목을 안전하게, 튼튼하게 '묶다'라는 뜻도 갖고 있습니다. 말하자면 리브가는

종이 마주 달려가서 이르되 청하건대
네 물동이의 물을 내게 조금 마시게 하라

창세기 24장 17절

유약한 외동아들 남편 이삭을 자기 뜻으로 구속할 수도 있지만, 반대로 그런 남편의 발목을 든든하게 해서 하나님의 약속을 향해 더 잘 달리도록 할 수도 있는 여인인 것입니다.

리브가는 분명 아름다운 여인이었습니다. 동시에 지혜롭고 총명한 여인이었습니다. 그런데 중요한 것은 그 아름다움과 총명함을 어디에 어떻게 사용할 것인가입니다. 여인의 아름다움과 지혜는 나라를 살리기도 하고 나라를 망하게도 합니다. 리브가 역시 그런 이중적인 내면이 있었던 것 같습니다.

리브가는 자신이 가진 외면과 내면의 자산을 매력으로 잘 활용할 줄 아는 여인이었습니다. 아직 결혼하기 전, 리브가는 그런 자신의 매력을 주변에 물씬 풍겼습니다. 아브라함의 '부탁'으로 나홀 성 인근 우물가에 도착했을 때 엘리에셀은 그곳에서 저녁나절에 물 뜨러 나오는 여인 가운데 지혜로운 여인을 만나게 되기를 바랐습니다. 그때 한 젊은 여인이 나타났습니다. 여인에게는 물동이 하나가 들려 있었습니다. 과연 그 여인은 집안일을 위해 그리고 집안사람들을 위해 물을 길으러 온 것이 틀림이 없었습니다. 엘리에셀은 당장 자신을 위해 물을 좀 달라고 요청했습니다. 리브가는 누구인지 알 수 없는 낯선 외지인에게 흔쾌히 자신이 길어온 물을 내주었습니다. 그런데 정신없이 물을 마시는 엘리에셀을 바라보던 리브가가 그와 함께 온 낙타들에게 눈길을 돌렸습니다. 그녀는 당장에 "괜찮으시다면 낙타들에게도 물을 주겠습니다."라고 말한 뒤 우물에서 물을 길어와 낙타들과 동물들에게도 물을 주었습니다.창 24:19

엘리에셀은 이 여인이야말로 자신이 찾던 부지런하고 총명한 여인, 주인 아브라함의 집안에 어울리고 그 아들 이삭에게도 어울리는 여인이라는 확신이 들었습니다. 당장 엘리에셀은 그 여인에게 집안사람들을 만나게 해 달라고 요청했습니다. 알고 보니 그 여인은 아브라함의 동생 나홀 집안의 딸이었습니다. 엘리에셀은 당장 집안의 어른들을 만났습니다. 그리고 자초지종을 이야기하며 리브가를 아브라함 집안의 며느리가 되게 해달라고 요청했습니다. 청혼의 메시지를 전한 것입니다. 그러나 그 여인이나 그 집안이 고향 땅을 떠나지 않기를 바란다면 할 수 없는 일이었습니다.

나홀의 집안사람들은 그 청혼을 환영했습니다. 그러나 시간을 달라고 요청했습니다. 아마도 리브가가 가나안으로 가기보다 이삭이 메소보다미아로 오도록 하려는 생각이었던 듯합니다. 그런데 그때 리브가가 나섰습니다. "저는 이 사람을 따라가겠습니다."창 24:58 리브가는 작금의 상황을 하나님의 부르심으로 확신했습니다. 그리고 이삭과 결혼하는 문제로 집안 어른들 사이 지지부진한 갈등의 대립을 자신의 이름에 어울리는 '잘 엮어내는' 결단으로 결론짓습니다.

하나님의 섭리 아래 '잘 엮어내는' 일은 이후 이삭과의 만남과 결혼생활에서도 이어졌습니다. 엘리에셀을 따라 가나안으로 온 리브가는 가던 길에서 미래의 남편감과 처음으로 마주하게 됩니다. 이때 만일 아름답지만 현명하지 못한 여인 같았으면 자신의 매력적인 모습을 뽐내며 낙타에서 내려 당장에 자신을 소개했을 것입니다. 남녀가 유별한 세상이었다 해도 그렇게 하는 일은 이미 정해진 약혼 관계에서 거리낄 일은 아니었습니다. 그러나 리브가는 과연 현명했습니다. 그녀는 엘리에셀이 "내 주인입니다."라고 하자 당장 자신의 얼굴을 '너울'로 가렸습니다.^{창 24:65} 이것은 분명 지혜로운 여인의 '밀당' 가득한 첫 만남의 모습입니다. 그러나 거기에는 다른 뜻도 있어 보입니다. 그녀는 미래의 남편 이삭이 들에서 배회하다 다가오고 있음을 알았습니다. 당연히 그녀는 이삭의 행동이 어머니를 잃은 슬픔에 근거한 행동임을 알았습니다. 그래서 리브가는 아직 어머니 죽음에 대한 애통함을 내려놓지 못하는 미래의 남편에게 삼가는 의미로 자신의 얼굴을 가린 것입니다.

이삭은 자신 앞에서 '삼가는 행동'을 보인 리브가의 행동을 깊이 이해했습니다. 그는 어머니를 잃은 뒤 들판으로 나가서 거기서 묵상하고 있었으며 그렇게 기도하던 중에 미래의 아내, 자신을 삼갈 줄 아는 현명한 아내 리브가를 맞게 된 것입니다. 그는 당장 그녀를 자신의 어머니의 장막으로 인도했습니다. 그리고 그녀를 아내로 맞이하였습니다. 성경은 이 부분을 이삭의 편에 서서 이렇게 증거합니다. "이삭이 그의 어머니를 장례한 후에 위로를 얻었더라." ^{창 24:67} 이삭은 자신을 하나님의 섭리 가운데 가족으로 묶어내는 리브가를 좋아했고 그녀와의 결혼생활을 행복해했습니다. 지금까지는 하나님의 약속과 사명을 실현하는 가족의 유대감을 어머니에게서 누렸다면 이제부터는 아내 리브가와 함께 그것을 나누어도 좋겠다 싶었습니다.

그런데 리브가의 '엮어내는'fettering 탁월함은 전혀 다른 곳에서 나타났습니다. 에서가 아닌 야곱에게 하나님의 장자의 축복이 전수되도록 하는 일이었습니다. 이삭과 리브가 사이에는 그 부모와 마찬가지로 오랫동안 자녀가 없었습니다. 그렇게 20여 년 세월이 흐르고 나서 드디어 둘 사이에 자녀가 생겼습니다. 그런데 쌍둥이였습니다. 유대교 랍비 전통에 의하면 이 쌍둥이는 리브가의 뱃속에 있을 때 늘 격렬하게 태동을 했다고 합니다. 특별히 리브가가 하나님의 말씀을 배우는 학교 근처를 지날 때면 한 녀석이 뱃속에서 태동하고, 우상숭배를 하는 집을 지나가면 다른 녀석이 태동하고는 했다고 전합니다. 당연히 리브가는 이 문제를 심각하게 생각했습니다. 쌍둥이가 분명한데 각각이 행동과 반응이 다르니 어머니의 입장에서 큰 근심이 아닐 수 없었습니다. 그래서 그녀는 하나님께 이 문제를 가지고 기도했습니다. 그때 하나님께서 직접 답을 주셨습니다. "두 국민이 네 태중에 있구나 두 민족이 네 복중에서부터 나누이리라 이 족속이 저 족속보다 강하겠고 큰 자가 어린 자를 섬기리라 하셨더라."창 25:23

  부모의 입장에서 한 아들은 어렵게 되고 다른 아들은 잘되어 그 형제를 다스리게 되리라는 말은 듣기 좋은 말은 아닙니다. 그러나 일이 그렇게 되리라는 것은 아이들이 어려서부터 충분히 예측할 수 있었습니다. 성경은 이 쌍둥이 중 하나는 들로 나가 사냥하기를 좋아했고 다른 하나는 집에 있기를 좋아했다고 하지만, 유대교 문헌에 의하면 야곱은 어려서부터 말씀을 배우는 학교에 다니는 것을 즐겼고 에서는 이방 신을 숭배하는 집 다니기를 즐겼다고 합니다. 아버지 이삭은 밖으로 다니며 사냥하기를 즐기는 에서를 두둔했습니다. 그렇지만 어머니 리브가는 임신 중에 들었던 하나님의 말씀을 늘 유념했습니다. 그리고 결국에 아브라함의 하나님께서 약속하신 그 뜻이 온전히 실현되는 방향으로 집안의 길을 엮어내기로 합니

하나님은 하늘의 이슬과 땅의 기름짐이며
풍성한 곡식과 포도주를 네게 주시기를 원하노라

창세기 27장 28절

다. 형 에서 대신 야곱에게 하나님의 축복이 임하도록 한 것입니다. 맏아들의 입장에서 보면 화가 날 일이지만 하나님의 섭리를 위한 에이전트로서 사명을 깊이 묵상한 리브가에게는 쓰라리면서도 단호한 마음 깊은 결단이었습니다.

내 말만 따르라
창세기 27장 13절 바르게 읽기

리브가는 이름 그대로 상황을 목적하는 바에 비추어 잘 묶어내는 여인이었습니다. 자녀들 문제도 마찬가지였습니다. 성경과 유대 전통에 의하면 리브가는 에서와 야곱 쌍둥이를 임신하고 있을 때부터, 그리고 아직 아이들이 어릴 때에도 에서보다는 야곱에게 하나님의 미래와 아브라함 가족의 미래가 있음을 잘 알고 있었습니다. 우유부단하기 일쑤인 남편 이삭은 여전히 장남인 에서를 두둔했지만, 리브가는 그렇게 하지 않았습니다. 에서에게 줄 사랑은 나름대로 주었겠으나 하나님의 약속을 실현하는 일의 에이전트로서 역할은 야곱에게 더 어울린다는 생각을 굳건하게 했습니다. 그리고 그것이 실제로 실현되도록 하는 일에 그녀 스스로 주도적으로 임했습니다.

예측할만한 일은 실제로 터졌습니다. 장남인 에서가 팥죽 한 그릇에 자기 장자의 명분을 동생에게 팔아 버렸습니다.창 25:28~34 아무리 장난스럽게 치른 일이라 해도 너무 심한 일이 었습니다. 게다가 에서는 할아버지와 아버지의 전통에 근거하 여 메소보다미아 고향에서 아내감을 찾지 않고 가나안 동네 에서 자기 편의로 아내를 취했습니다.창 26:34~35 이제 이삭과 리브가에게 에서는 분명한 근심거리였습니다. 아버지 이삭은 그런데도 에서에 대한 의지를 꺾지 않았습니다. 그러나 어머 니 리브가는 달랐습니다. 그녀는 하나님의 에이전트로서 사명 을 스스로 굳건하게 하고 에서가 아닌 야곱에게 이삭의 축복 이 주어지도록 유도했습니다. 우리가 잘 아는 대로 이삭이 나 이 들어 장자의 권한을 에서에게 넘기려 할 때 야곱을 에서처 럼 꾸며서 대신 축복을 받게 한 것입니다.창 27:1~27 이삭은 지금 손을 얹은 것이 야곱인 줄 알지 못한 채 장자에게 허락된 축복 을 마음껏 베풀었습니다. "하나님은 하늘의 이슬과 땅의 기름 짐이며 풍성한 곡식과 포도주를 네게 주시기를 원하노라 만민 이 너를 섬기고 열국이 네게 굴복하리니 네가 형제들의 주가 되고 네 어머니의 아들들이 네게 굴복하며 너를 저주하는 자 는 저주를 받고 너를 축복하는 자는 복을 받기를 원하노라."창 27:28~29

성경의 이 부분을 읽어 내려가면서 사실 우리는 불편함을 감출 수 없습니다. 유교식의 장남 중심 가족 문화에 익숙한 우리는 리브가의 이런 행동을 어려운 마음으로 읽어 내려가게 됩니다. 한 가지 확실한 것은 리브가가 하나님의 섭리에 대한 깊은 통찰로 이 모든 일을 '엮어내고' 있다는 것입니다. 그녀는 하나님의 아브라함을 향한 축복이 에서에게서 저주가 되지 않게 하려 애쓰고 있습니다. 그녀는 에서에게 저주malediction가 될 것을 야곱에게 축복benediction이 되도록 최선을 다하고 있는 것입니다. 그래서 그녀는 "저주는 내게로 돌리리라"창 27:13고까지 말합니다. 그녀는 지금 단호한 마음을 품고 결기 있게 일을 진행하고 있습니다. 그래서 유명한 풀핏 주석Pulpit Commentary은 이 구절을 이렇게 해석합니다. "리브가의 이 말이 그녀의 고집과 사려 깊지 못함을 드러내는 것처럼 보이지만, 위대한 칼뱅John Calvin이 해석한 대로 우리는 이 이야기를 하나님의 약속 가운데 신앙으로 만들어진 행위라고 보아야 합니다." 장남 에서에게는 미안하지만, 리브가는 지금 그녀의 장점을 최대한 살려 아브라함과 이삭의 집을 하나님의 약속이 실현되는 집으로 회복시키려 애를 쓰고 있습니다.

하나님의 섭리에 대해 깊은 이해를 품고 있다면, 우리 집에도 이런 일은 있을 수 있습니다. 우리는 때로 하나님의 섭리

가운데 신실함으로 눈물을 흘리며 한 자녀를 우리 품에 끌어 안아 묶어 두고서 다른 자녀를 떠나보내야 합니다. 혹은 눈물로 다른 자녀를 떠나보내며 또 다른 한 자녀를 최선을 다해 품고 묶어 두어야 합니다. 어느 쪽인들 사랑이 없겠습니까? 사랑을 기울이는 경중의 차이는 어쩔 수 없이 드러납니다. 하나님의 섭리 가운데 가정을 이끈다는 것에는 이런 식의 균형을 깨는 아픔이 있을 수 있습니다. 리브가는 야곱과 에서 사이에서 하나님의 섭리에 비추어 자신이 마땅히 해야 할 일에 충실했습니다.

리브가는 그 이름과 타고난 성품에 비추어 자신이 할 수 있는 일을 다 했습니다. 그녀는 처음 엘리에셀을 만나는 순간부터 이삭과 결혼하여 가정을 꾸리게 된 내내, 그리고 아들들을 얻은 후에도 꾸준히 하나님의 섭리와 인도하심, 하나님의 뜻 가운데 자신이 에이전트로서 어떤 역할을 해야 하는지를 잘 살필 줄 아는 현명한 여인이었습니다. 그녀는 그렇게 과단성 있는 결단으로 삶의 순간순간을 살았습니다. 더불어 그녀는 하나님의 섭리 가운데 사랑이 가져올 저주스러운 아픔을 온몸으로 품을 용기가 가득했던 하나님의 여인이었습니다.

하나님 섭리의 신실한 도구, 리브가

어떤 심리학자가 성경의 인물들을 심리학적으로 빗대면서 리브가를 용기 있는 리더십을 가진 여인이라고 평가하는 것을 들었습니다. 그래서 요즘 많이 회자하는 'MBTI성격유형검사'Myers-Briggs Type Indicator 가운데 가만 살펴보니, 그녀는 아무래도 그 열여섯 가지 각각의 유형 가운데 특히 ENTJExtroverted/ Intuitive/Thinking/Judging 유형에 가까우리라는 생각이 듭니다. 직접 검사지를 주어 살피게 한 적은 없지만, 우리가 이제껏 살펴본 이야기들을 비추어 볼 때, 그녀는 굉장히 활달하여 외향적이며E, 여러 사물들과 사건들을 한데 엮는 직관이 뛰어나며N, 그렇게 주어진 결과들에 반응하여 행동해야 하는지에 대해 명쾌한 사고지향적이고T, 주어진 행동 과제를 막힘없이 주저함 없이 행동에 옮기는J 성격의 소유자로 보입니다. 그녀는 확실히 남편 이삭보다 활달해 보입니다. 그러면서도 엘리에셀과 우물에서 벌인 이야기에서도 보여준 것처럼 주어진 상황에 대한 직관적 통찰이 빼어납니다. 무엇보다 그녀는 그렇게 얻은 결과들을 논리적으로 잘 정리하여 행동에 옮기는 일에도 탁월했던 것 같습니다. 그녀는 아브라함 집안의 며느리로서 약속을 받은 족장의 아내로서 자신이 해야 하는 일을 관계나 감정에 치우치지 않고 용기 있게 수행하는 여인이었습니다. 이 모든 것을 한마디로 표현한 것이 바로 오늘 우리가 함께 나눈 본문입니다. "내 아들아 너의 저주는 내게로 돌리리니 내 말만 따르고 가서 가져오라."창 27:13

그럼 이제 잘 엮어내는 하나님의 에이전트 리브가에게서 배울 점들을 한 번 정리해 보겠습니다.

1. 리브가는 자기를 포함하여 주변을 살필 줄 아는 현명한 여인이었습니다. 엘리에셀과 처음 마주한 자리에서 그리고 이삭과 처음 만나던 날에 그녀는 자기만을 앞세우거나 혹은 앞뒤를 생각하지 못한 채 바보스러운 행동으로 빠져들지 않았습니다. 그녀는 충분히 사려 깊었고 주변 상황에 관한 판단이 빨랐으며 그에 맞추어 적절하게 행동할 줄 알았습니다. 그렇게 행동한 덕분에 엘리에셀의 동물들은 물을 얻어 마실 수 있었으며, 이삭은 어머니를 애도하는 마음을 편안하게 이어갈 수 있었던 것입니다. 진정 아름다운 여인은 자기 치장에만 집착하지 않습니다. 현명한 여인은 자기 마음만 추스르려 하지 않습니다. 현명한 여인은 주변 모두와 자기 마음의 박자를 맞춥니다. 그리고 그 모든 것이 조화롭고 아름다운 오케스트라가 되

도록 합니다. 리브가야 말로 바로 이 조화를 아는 현명한 여인이었습니다.

2. 리브가는 필요한 만큼 결단할 줄 아는 리더십을 가진 여인이었습니다. 아들들을 얻게 되었을 때 당대와 고금의 모든 평가는 에서에게 박한 점수를 주었습니다. 하나님의 말씀 성경마저도 에서에게 후하지 않습니다. 오직 한 사람, 아버지 이삭만 에서를 두둔합니다. 아버지 이삭은 '미소'라는 뜻을 가진 이름 그대로 큰 아들 에서가 무엇을 하든지 뭇기만 합니다. 그러나 리브가는 그렇지 않았습니다. 리브가는 에서와 야곱이 어릴 때부터 둘을 지켜보았습니다. 그리고 하나님 나라의 대업은 야곱에게 돌아가야 한다고 판단했습니다. 야곱을 편애해서가 아닙니다. 우리가 아는 야곱의 단점만큼이나 리브가 역시 아들 야곱의 단점을 알았을 것입니다. 그렇지만 하나님의 신실한 에이전트로서 리브가는 둘의 경중을 따져 야곱에게 손을 들어 주었습니다. 그리고 야곱이 그 모든 대업을 잇도록 했습니다. 그녀는 그 모든 일에 대해 주저함이 없었습니다. 여성에게도 리더십은 중요한 덕목입니다. 여자이니 뒤로 빠져 있어야 한다거나 겸양지덕을 갖추는 것이 중요하다고 여기는 것은 고금이래로 옳지 않습니다. 여성으로서 합당한 리더십의

자리에 설줄 알고 그 책임감으로 자기와 가정과 주변과 공동체를 바라보아 합당한 결단과 실천을 주도하는 것에 남녀가 따로 일리 없습니다.

3. 리브가는 사랑의 양면을 용기 있게 품었던 여인이었습니다. 그녀가 야곱에게 축복받는 일을 결행해야 한다고 다그치면서 "저주는 자기의 것"이라고 외쳤을 때, 그녀는 두 마음을 품었습니다. 하나는 둘째 아들 야곱이 잘되기를 바라는 축복이고 다른 하나는 장남 에서가 복을 누리지 못 하는 일로 자신이 남편 이삭이나 에서에게 저주가 되리라는 것이었습니다. 리브가는 야곱 편의 축복만을 취한 것이 아닙니다. 그랬다면 그녀는 야곱과 함께 오라버니가 있는 밧단아람으로 도주하는 길을 선택했을 것입니다. 그러나 리브가는 그렇게 하지 않았습니다, 그녀에게는 축복하여 보낸 아들도 있지만 저주 가운데 남은 또 다른 아들도 있습니다. 그녀는 축복받은 아들은 보내고 저주받은 아들은 자기가 품기로 한 것입니다. 사랑은 사랑으로 인한 축복과 사랑으로 인한 저주, 이 모두를 품을 줄 알 때 온전한 사랑이 됩니다. 리브가는 지금 그 온전하고 용기 있는 사랑의 길을 선택한 것입니다.

만족함을 배우게 하는 여인
라헬

그 이름을 요셉이라 하니 여호와는 다시
다른 아들을 내게 더하시기를 원하노라 하였더라
창세기 30장 24절

사랑에 빠진 여인

아우구스투스 시대 로마의 극작가 베르길리우스Vergilius는 황제로부터 로마 건국의 신화를 극으로 만들어달라는 요청을 받습니다. 베르길리우스는 그로부터 11년 동안 로마 건국 신화의 주인공 가운데 하나인 '아이네아스의 이야기'Aeneid를 집필했습니다. 아이네아스의 이야기는 흥미진진합니다. 그 가운데 특히 카르타고Carthage의 여왕 디도Dido와의 사랑 이야기는 인간 사랑의 깊이와 풍성함 그리고 그 사랑이 가져다주는 고통을 고스란히 담아냅니다.

지오반니 바티스타 티에폴리, 라헬이 아버지 라반에게 우상을 숨기다, 1729

아이네아스는 트로이Troy의 장군이었습니다. 트로이는 그리스 연합군과의 전쟁으로 멸망하게 되죠. 이때 아이네아스는 자기 가족과 트로이의 사람들을 데리고 트로이를 탈출하여 새로 정착할 땅을 찾아 여행하게 됩니다. 그러다 북아프리카 지중해변에서 막 시작된 카르타고Carthage에 들르게 됩니다. 아이네아스 일행은 그 나라 여왕 디도의 융숭한 대접을 받게 됩니다. 디도는 멋진 아이네아스에게 깊이 빠져듭니다. 디도는 아이네아스에게 자신과 카르타고를 다스리며 함께 살자고 애원합니다. 그러나 트로이를 대신할 나라를 건설해야 하는 사명에 충실했던 아이네아스는 그녀를 떠나고 맙니다. 디도는 슬픔에 빠졌습니다. 디도는 결국 장작더미 위에 올라 불을 피운 뒤 스스로 목숨을 버리게 됩니다. 베르길리우스는 목숨마저 내던진 그녀의 아이네아스를 향한 사랑을 이렇게 기록했습니다. "그대는 얼마나 신음했던가! 잔인한 사랑이여! 사랑에 빠진 그대, 인간의 마음을 어디까진들 못 몰아가겠는가!" 디도는 사랑에 깊이 빠졌고 사랑을 욕망했으며, 그 사랑에 목숨을 걸었던 여인이었습니다.

실로 여인의 사랑을 향한 정념은 대단합니다. 고금 이래 사랑에 빠진 여인들은 그것이 연인을 위한 사랑이든 자녀를 위한 사랑이든 물불을 가리지 않습니다. 여인의 사랑이야말로 모든 말의 신묘함을 다 담고 있습니다. 사랑에 빠진 여인은 그 사랑을 지키고 그 사랑을 유지하기 위해 무엇이든 합니다. 사랑을 위해서라면 무엇이든 희생하고 무엇이든 버립니다. 자명고를 찢은 낙랑공주의 이야기에서도 나타나듯 사랑에 빠진 여인은 사랑에 모든 것을 바칩니다. 그것이 사랑에 빠진 여인의 마음입니다. 그래서 유명한 바브라 스트라이젠드Barbra Streisand가 부른 노래 '사랑에 빠진 여인' Woman in Love는 여인의 사랑을 이렇게 노래합니다. "나는 사랑에 빠진 여인이에요. 그래서 나는 당신을 나의 세계로 이끌어 들여 그 안에 붙들어 두기 위해 무엇이든 합니다."

성경의 여인 가운데 라헬이야말로 이런 불 같은 사랑에 빠진 여인이었습니다. 그녀는 남편 야곱을 너무나 사랑했습니다. 라헬은 남편의 사랑과 자식 사랑 모두를 한 품에 품기를 바랐습니다. 한쪽으로는 남편의 팔에 안기고 다른 한쪽으로는 자식들을 품고 있는 모습이야말로 사랑욕심 많은 여인 라헬이 꿈꾸는 가정의 모습이었습니다. 라헬은 일단 남편의 사랑을 얻는 일은 성공했습니다. 야곱이 그녀의 언니 레아보다 자신을 더 사랑했던 것입니다. 그러나 라헬은 자식 사랑만큼은 한껏 풀지 못했습니다. 그녀는 평생 남편 사랑과 자식 사랑. 모두를 갈망했습니다. 그리고 그것 때문에 눈물도 많이 쏟았습니다. 라헬은 정말이지 사랑 욕심이 많은 여인이었습니다. 우리는 사랑에 빠져 그 사랑을 위해 모든 것을 바치는 여인의 모습을 우둔하다거나 미련하다고 할 수 없습니다. 라헬의 사랑을 향한 열정은 결국 위대한 요셉을 낳았습니다. 정말이지 사랑을 향한 열정은 아이러니합니다. 그러나 그 아이러니는 심지어 하나님의 섭리 한 가운데서도 멋지게 작동합니다.

라헬의 '눈을 뗄 수 없는' 이야기

라헬Rachel, 레이첼의 이야기를 다루자면 그녀의 남편 야곱의 이야기를 먼저 해야 합니다. 가나안 땅, 아버지 이삭의 집에서 형 에서와 함께 살던 야곱은 하나님의 섭리에 대한 예리함을 갖고 있던 어머니 리브가와 더불어 아버지 이삭과 형 에서를 속이고 족장의 권리를 얻습니다. 그러나 그는 곧 도망자 신세가 되고 맙니다. 형 에서가 그를 죽이려 했기 때문입니다. 현명한 리브가는 야곱을 자기 오빠 라반이 있는 밧단아람 즉, 하란에 보냈습니다.창 28:2 리브가는 야곱을 도망하게만 하지 않았습니다. 리브가는 야곱이 오빠의 집에서 신붓감을 얻게 되리라 믿었습니다.창 28:2 그렇게 되면 야곱은 형 에서와 달리 가나

라헬이 자기가 야곱에게서
아들을 낳지 못함을 보고
그의 언니를 시기하여
야곱에게 이르되
내게 자식을 낳게 하라
그렇지 아니하면
내가 죽겠노라

창세기 30장 1절

안 땅이 아닌 할아버지 아브라함의 고향에서 아내를 얻고 하나님의 번성하게 하시는 약속을 이룰 수 있게 되는 것입니다.

야곱은 어머니의 말씀을 따라 삼촌에게 갔습니다. 야곱은 하란에 도착하기 전 우물가에서 라헬을 처음 만났습니다. 야곱의 눈에 라헬은 곱고 아리따웠습니다.창 29:17 그래서 야곱은 라헬을 몹시 연모했습니다.창 29:18 일단 삼촌 라반의 집에 머물게 된 야곱은 거기서 열심히 일했습니다. 그러면서 동시에 라헬을 아내로 맞아야겠다고 생각했습니다. 그는 염치없는 더부살이가 아니었습니다. 그는 삼촌에게 이렇게 말했습니다. "내가 외삼촌의 작은 딸 라헬을 위하여 외삼촌에게 칠 년을 섬기리이다."창 29:18 그리고 7년이 지나 드디어 라헬과 결혼하게 되었습니다. 그런데 이것이 무슨 일입니까. 라반은 야곱에게 라헬 대신 레아를 주었습니다. 라반은 야곱에게 이렇게 말합니다. "언니보다 아우를 먼저 주는 것은 우리 지방에서 하지 아니하는 바이라 이를 위하여 칠 일을 채우라."창 29:26-27 야곱은 어쩔 수 없이 마음에도 없던 레아와 칠 일 동안 신방을 차리게 되었습니다. 그리고 그 칠 일이 지나고 나서 드디어 사랑하는 라헬을 아내로 맞이하게 되었습니다. 물론 야곱은 엉겁결에 레아와 라헬 모두를 얻은 죄로 외삼촌 집에서 7년을 더 일해야 했습니다.

그런데 문제가 있었습니다. 레아에 비해 라헬이 자녀를 낳지 못하는 것이었습니다. 레아는 야곱과의 사이에 벌써 르우벤, 시므온, 레위 그리고 유다 등 네 명의 아들을 낳았습니다. 그러나 라헬은 아들은 고사하고 딸조차도 얻지 못했습니다. 그렇다고 야곱이 라헬을 사랑하지 않은 것은 아니었습니다. 야곱은 진심으로 라헬을 사랑했습니다. 그는 처음 우물가에서 만났을 때부터 라헬에 대한 빚진 마음이 있었습니다. 야곱이 얼마나 라헬을 사랑했는지는 훗날 라헬이 죽고 그 아들 요셉이 애굽의 총리가 되었을 때조차 확인할 수 있었습니다. 야곱은 라헬의 소생 요셉에게서 나은 두 아들 므낫세와 에브라임을 지극히 사랑해서 그들에게 자기 아들들과 동등한 축복을 내렸습니다. 이때 야곱은 이렇게 말합니다. "내가 애굽으로 와서 네게 이르기 전에 애굽에서 네가 낳은 두 아들 에브라임과 므낫세는 내 것이라 르우벤과 시므온처럼 내 것이 될 것이요."창 48:5 그리고 오래전 죽은 라헬을 떠올립니다.창 48:7 그녀의 자식 사랑이 얼마나 컸는지를 아는 야곱은 그녀를 위해 요셉의 아들까지 양자 삼아 이미 고인이 된 라헬을 추억합니다. 야곱은 늙고 병들어 죽음을 내다보는 중에도 옛날 밧단아람의 우물가 그 여인을 잊지 못하고 있었던 것입니다. 야곱이 이렇듯 먼 훗날까지도 이어지는 지극하고 신실한 사랑을 주었는데도, 그런데도 라헬은 아이를 갖지 못했습니다. 반면 레아는 야곱과의 사이에서 아이들을 잘도 낳았습니다. 결국 라헬에게 불일 듯 욕망하는 사랑의 마음이 시작되었습니다.

결국 라헬은 자신이 아이를 갖지 못하는 것에 대해 남편에게 불평합니다. 그녀는 남편 야곱에게 이렇게 외칩니다. "내게 자식을 낳게 하라 그렇지 아니하면 내가 죽겠노라."^{창 30:1} 라헬은 절실했습니다. 단순히 언니와의 비교에서 나오는 말이 아닙니다. 이것은 남편 야곱과의 사랑에서 그녀가 얻고자 하는 목표치가 남다르다는 것을 보여줍니다. 그녀는 남편과의 사랑의 온전함 뿐 아니라 그 사이에서 이루어지는 가족의 온전함까지도 간절하게 원했습니다. 그리고 그 마음을 담아 남편 야곱에게 자신의 바라는 바를 힘주어 외쳤습니다. 그러나 현실은 그녀의 편이 아니었습니다. 남편 야곱은 그녀에게 이렇게 말합니다. "그대를 임신하지 못하게 하시는 이는 하나님이시니 내가 하나님을 대신하겠느냐."^{창 30:2} 한편으로는 위로의 말이요 다른 한편으로는 이미 다른 아내에게서 아들 넷을 둔 팔자 편한 족장의 너스레입니다. 야곱에게서는 묘수가 나오지 않을 것이 뻔합니다.

묘안은 아들을 얻고자 하는 마음을 품은 라헬에게 나왔습니다. 라헬은 자신의 종으로 있는 빌하를 자신을 대신하여 남편에게 내어줍니다. 그리고 빌하에게서 단과 납달리를 얻습니다.창 30:6~8 자신이 아들을 얻지 못하자 자신의 종을 동원해서라도 아들을 얻고자 했던 것입니다. 상황이 이렇게 되자 큰 방을 차지하고 있던 레아 역시 일련의 조치를 취했습니다. 하나님께서는 그녀에게 네 명의 아들을 갖게 하신 후 그녀의 태문을 닫으셨는데, 동생인 라헬이 종 빌하에게서 아들 둘을 얻는 것을 보자 레아 역시 자신의 종 실바를 남편에게 주어 자식을 보게 한 것입니다. 이렇게 해서 실바 역시 야곱과의 사이에서 두 아들 갓과 아셀을 얻습니다. 이제 야곱은 여덟 명의 아들을 두었습니다. 이 모든 것이 라헬의 자식 욕심에서 빚어진 것입니다. 이 정도면 하나님께서 아브라함에게 약속하신 바닷가의 모래알이나 밤하늘의 별 만큼 자손이 번성하리라는 약속창 22:17은 멋지게 실현된 것입니다.

그런데 라헬에게 자식 문제는 아직 진행형이었습니다. 레아에게는 네 명의 아들이, 빌하와 실바에게는 각각 두 명의 아들이 있을지라도, 그래서 남편 야곱에게 여덟 명의 아들이 있을지라도, 그래서 결국에 하나님의 아브라함의 집안에 허락하신 약속은 실현이 되고도 남음이 있을지라도, 오직 자신에게 아직 아들이 없다는 것은 여전한 문제였습니다. 이제 라헬은 점점 소망을 잃어갔습니다. 그때 한 가지 흥미로운 이야기가 들려왔습니다. 언니 레아의 아들 르우벤이 들에 나갔다가 합환채合歡

菜, mandrake를 구해와 어머니 레아에게 주었다는 이야기를 들은 것입니다. 합환채는 불임여성에게 효과가 있다는 약초를 말합니다. 라헬은 당장 언니 레아에게 가서 남편 야곱을 하룻밤 내주는 대신 그것을 사들입니다.창 30:16 어차피 남편 사랑은 자기가 독식하고 있으니 하룻밤 내주어도 이미 자식 낳는 기능이 끊긴 언니에게 특별한 일은 없으리라 생각한 것입니다. 그런데 하나님께서는 레아에게 잇사갈과 스불론 두 명의 아들과 더불어 딸 디나까지 주셨습니다.창 30:18~21 남편과 더불어 좋은 관계를 형성하고 더불어 아이도 갖고자 하는 마음에 합환채를 샀건만 덕을 본 것은 오히려 언니 레아가 되고 말았습니다.

　라헬은 더욱 상심했습니다. 절망하여 비탄에 빠졌습니다. 라헬의 인생은 온통 사랑을 얻고 쟁취하기 위해 노력하는 세월이었습니다. 그러나 그녀가 사랑을 얻기 위해 발버둥 치면 칠수록 그녀에게 사랑은 멀어졌고 요원한 것이 되어 갔습니다.

　그때 하나님께서 드디어 라헬의 간절함에 응답하셨습니다. 그녀에게도 드디어 아들이 생긴 것입니다. 하나님께서 드디어 사랑꾼 라헬의 부끄러움을 덜어주신 것입니다. 그녀는 아들의 이름을 요셉이라 붙였습니다.창 30:24 그런데 놀라운 것은 그다음입니다. 라헬은 과연 남편과 자식에 대한 사랑의 욕망이 강력한 여인이었습니다. 아들을 하나 얻은 라헬은 곧 이렇게 말

하나님이 라헬을 생각하신지라
하나님이 그의 소원을 들으시고
그의 태를 여셨으므로

창세기 30장 22절

합니다. "여호와는 다시 다른 아들을 내게 더하시기를 원하노라." 창 30:24 그녀는 아들 하나로는 만족할 수 없었습니다. 당장에 하나님께서 아들 하나를 더 주시기를 구했습니다. 그녀의 온전한 가족을 향한 욕망은 실제로 대단한 것이었습니다. 그녀는 결국에 야곱이 라반을 떠나 고향으로 돌아가는 길에 아버지에게서 '드라빔'teraphim을 훔쳐냅니다. 창 31:19 아직 여호와 하나님에 대한 신앙이 굳건하지 않았던 라헬이 타향살이 가운데 아버지가 섬기던 신에게라도 아들 하나 더 얻게 해달라고 빌기 위해 그런 일을 벌인 것으로 보입니다. 아버지의 드라빔이라도 붙들고서 사랑을 이루려 했던 라헬의 사랑꾼 기질이 여기서도 여지없이 드러납니다. 그녀는 그렇게 야곱과 자신들을 추적해 온 아버지 라반으로부터 드라빔을 무사히 그러나 불손한 방식으로 지켜냅니다. 창 31:35

어찌 되었든 라헬은 하나님의 은혜로 또 다른 아들을 얻게 됩니다. 바로 베냐민입니다. 라헬은 그토록 바라던 둘째 아들을 야곱이 딸 디나와 더불어 슬픈 일을 겪고 나서 남쪽으로 이동하던 중 에브랏훗날의 베들레헴 즈음에서 낳았습니다. 그러나 그 출생은 기쁨보다는 슬픔이 되고 말았습니다. 라헬이 베냐민을 낳다가 그만 죽고 만 것입니다. 자신의 죽음을 예견했는지 라헬은 아들의 이름을 '베노니' 즉, '슬픔의 아들'이라고 지었습니다. 안타깝게도 이 이름은 아들에게 주어지지 않았습니다. 야곱이 아내의 말을 잘못 들었는지 아니면 듣고서도 무시했는지 아들 이름을 베노니 대신 '베냐민'Benjamin 의로운 자의 아들이라고 지은 것입니다.창 35:18 라헬은 아마도 마지막까지 충만하고 풍성한 사랑을 좇는 인생을 계속했던 듯합니다. 그러나 그녀는 열망 가득한 사랑의 최종 결과가 온전히 결실하는 것을 다 보지는 못하고 말았습니다.

　라헬은 그야말로 한평생을 남편과 자식을 향한 사랑의 외길을 걸었습니다. 그녀는 남편과의 관계에서는 사랑을 충분히 얻었습니다. 그러나 그 사랑에는 자식이라는 결실을 얻기가 어려웠습니다. 남편과의 사랑이 좋지 못했던 언니 레아는 여섯 명의 아들과 한 명의 딸을 얻었지만, 남편과의 사랑이 풍성했던 라헬은 요셉과 베냐민 두 아들로 그친 것입니다. 라헬은 진정한 사랑꾼이었습니다. 그녀는 사랑 하나로 인생을 채웠습니다.

사랑으로 성장하다
창세기 30장 24절을 맥락으로 읽기

　라헬의 삶은 한편으로 사랑을 쟁취하고 사랑의 결실을 온전히 이루고자 하는 여정이었습니다. 어떻게 보면 그녀의 사랑 꾼으로 사는 삶은 불행한 것으로 비칩니다. 특히 요즘같이 여성들도 사회적으로 자아실현을 이루는 일이 다반사요, 그것을 당연하게 받아들여지는 세상에서 라헬과 같은 인생은 조금은 답답해 보이기도 하고 조금은 억울해 보이기도 하는 삶입니다. 딸을 둘 둔 입장에서 저 역시 제 딸들이 이렇게 라헬처럼 살겠다고 한다면 말리고픈 마음입니다. 그런데도 우리는 성경에 당당하게 그 이름을 올리고 사랑꾼으로서 인생을 보여준 라헬에게서 나름의 교훈을 얻게 됩니다.

당장에 라헬은 어느 유행가 가사처럼 "사랑밖에 난 몰라"를 외치는 인생을 살았습니다. 앞서 말씀드린 것처럼 오늘날 사회적 자아실현을 앞세우는 세상에서 이런 삶은 바보스러움의 상징일 수 있습니다. 그러나 성경을 읽어 내려가는 우리는 사랑으로 인생을 엮어 사랑을 실현하며 살아가는 인생을 바보로만 보지 말아야 합니다. 라헬은 자기에게 주어진 사랑의 대상들에게 충실한 여인이었습니다. 그녀는 남편 야곱을 향해 열정적인 사랑을 드러냈고, 자녀들에 대한 갈망을 분명하게 드러냈으며, 실제로 얻은 아들들을 통해 갖춰진 가정에 대해 귀한 마음을 품었습니다. 사랑의 마음으로 인생을 집중하는 일은 잘못된 것이 아닙니다. 우리는 라헬 같은 여인이 주어진 인생을 사랑으로 최선을 다하는 사람이라고 보아야 합니다. 라헬과 같은 여인들은 그 사랑의 대상이 남편이든 가정이든 자녀들이든, 교회이든, 학교이든, 직장이든 무엇이든 사랑의 마음으로 최선을 다했으리라 생각할 수 있습니다. 그래서 스페인의 유명한 철학자 호세 오르테가 이 가세트Jose Ortega Y Gasset는 "사랑은 그 본질상 스스로를 벗어나 그 누군가 타인에게 자신의 것을 아낌없이 제공하는 최고의 행동... 그렇게 인간의 활력을 촉발하는 멋진 도화선과 같은 것"이라고 말했습니다.

물론 라헬에게는 사랑을 이루고자 하는 인간적인 노력의 흔적도 보입니다. 그녀는 남편과 자신의 사랑 사이에 언니와 언니의 자식들이 끼어들자 그것을 시기하면서 자신의 종 빌하를 자신을 위한 자식 생산의 도구로 삼아 남편에게 주었습니다. 그뿐 아닙니다. 그녀는 남편의 자식이자 조카인 르우벤이 합환채를 구해오자 그것을 얻으려 언니 레아와 남편 사랑을 거래하기도 했습니다. 이 모든 행동은 열정적인 사랑이 낳은 인간적인 방편들이었습니다. 그러나 그녀가 얻은 것은 없었습니다. 그녀가 인간적인 노력을 기울이는 중에 그녀의 언니는 두 아들을 더 얻어 모두 여섯 명의 아들과 한 명의 딸을 두었고 두 여종마저 아들들을 두었습니다. 그러나 정작 그녀에게는 아무것도 주어지지 않았습니다. 그녀가 야곱과의 사이에 아들을 얻게 된 것은 오히려 하나님의 은혜였습니다. 사실 그녀뿐 아니라 그녀의 언니조차도 하나님의 섭리와 은혜 가운데서 자식을 얻었습니다. 결국 그녀는 하나님의 은혜 아래서 야곱과의 관계를, 그리고 언니와 다른 여종 및 가족들과의 관계를 온전하게 하기 위한 인간적 노력을 기울여야 했습니다. 그녀는 자식을 주시는 것은 하나님이심을, 그리고 자신은 그저 사랑꾼으로서 신실하게 주어진 삶에 최선을 다해야 함을 알았어야 했습니다.

여기서 우리는 창세기 30장 24절에서 흥미로운 대목을 보게 됩니다. 어렵사리 요셉을 얻은 라헬이 "여호와는 다시 다른 아들을 내게 더하시기를 원하노라"고 말한 것입니다. 라헬은 여러 아들, 혹은 딸을 원하지 않았습니다. 그녀는 오직 아들 하나 더를 원했습니다. 라헬이 이렇게 말한 것은 흥미롭습니다. 그녀는 마치 자신의 남편 야곱에게 열두 명의 아들이 있어야 함을 이미 알고 있는 듯 말하고 있습니다. 그래서 유대인들의 이 구절에 대한 해석은 흥미롭습니다. 유대인들의 사전 *Jewish Encyclopedia*은 라헬이 남편의 아들들에 대하여 일종의 예언자적 식견을 가지고 있었다고 말합니다. 야곱에게는 열두 명의 아들들이 있게 되며 그들을 통해 이스라엘은 열두 지파를 형성하게 되리라는 것입니다. 이렇게 보면 라헬이 말하는 한

명의 아들 즉 베냐민은 야곱의 열두 지파를 형성하는 마지막
이 됩니다. 그녀는 자신이 낳는 아들을 끝으로 야곱의 자식 농
사가 끝나고 그 열두 아들들을 통해 하나님의 백성 이스라엘
이 생육하고 번성하리라^{창 1:27}고 본 것입니다. 이후에도 라헬
의 예언자적 행보는 계속됩니다. 라헬은 막내 베냐민을 낳으
면서 산고를 겪었고 결국에 죽고 말았습니다. 그런데 흥미롭
게도 그녀가 막내아들을 '베노니'라고 부른 것은 야곱의 아들
들이 훗날 애굽과 앗수르와 바벨론 등 세상 열방 가운데서 겪
게 될 고초를 예언한 것이라는 견해가 많습니다. 예레미야가
예언하면서 "라마에서 슬퍼하며 통곡하는 소리가 들리니 라
헬이 그 자식 때문에 애곡하는 것이라 그가 자식이 없어져서
위로 받기를 거절하는도다"라는 구절은 바로 창세기 35장의
라헬이 슬픔 가운데 죽을 것에서 기원한 것입니다.^{렘 31:15} 예레
미야식의 라헬의 통곡은 마태복음에도 등장합니다.^{마 2:17~18} 라
헬의 야곱의 자식들이 당할 고난을 미리 슬퍼한 것이 예수님
시절 하나님의 백성들이 헤롯 때문에 겪은 이야기로도 이어지
는 것입니다.

  라헬은 사랑꾼으로서 큰 노력을 기울이기도 했으나 결과적
으로 하나님의 은혜 아래 자신에게 주어진 두 아들에 만족할
줄도 아는 여인이었습니다. 나아가 그녀와 남편 야곱의 자손

들에게 주어지는 미래의 슬픔을 앞당겨 품을 줄도 아는 여인이었습니다. 우리는 이런 면에서 라헬이 사랑의 열정으로 살았으나 그렇게 주어지는 사랑의 결실을 만족할 줄도 알고, 또 그 결실에서 이어지는 슬픔마저도 품을 줄 아는 모든 믿는 자들의 어머니의 모습이라는 것을 알 수 있습니다.

사랑으로 그러나 은혜 가운데

우리는 라헬에게서 사랑의 중독성이 갖는 매력적인 모습을 봅니다. 라헬은 야곱과의 사랑에서 미친 듯이 그 사랑을 향해 달려갔고 그 사랑을 완성하기 위해 자기가 가진 것을 모두 던지며 헌신했습니다. 그녀는 사랑으로 만족하기 위해 맹렬했습니다. 그러나 라헬은 그 사랑의 절정에서 하나님의 은혜를 발견하기도 했습니다. 힘든 과정에서 아브라함과 이삭의 삶을 이해한 관용과 그리고 야곱의 미래를 예견할 줄도 알았습니다. 그리고 그 모든 미래에 대해 여인다운 감성으로 어머니의 감성으로 슬퍼할 줄도 알았습니다.

우리는 이제 라헬에게서 사랑과 은혜 사이 지혜로운 믿음의 여인의 길을 봅니다.

  1. 라헬은 사랑의 질감을 아는 여인이었습니다. 라헬은 사랑이라는 것이 "내 사랑하는 자는 내게 속하였고 나는 그에게 속하였도다."아 2:16라고 노래하는 아가서의 표현처럼, 그를 나에게, 나를 그에게 묶어두는 것임을 잘 알았습니다. 그녀는 사랑이라는 것이 솔로몬의 노래처럼 병이 날 정도로 아픈 것이고 힘든 것임을 알았습니다.아 5:8 그러나 그녀는 사랑을 아는 일에 게으르지 않았습니다. 그녀는 사랑을 얻고 사랑을 온전하게 하려고 최선을 다했습니다. 사랑의 장단점을 잘 알기 위해서는 뜨겁게 사랑하는 일이 우선입니다. 사랑을 책으로만 배웠다는 우스갯소리는 여기서 통하지 않습니다. 사랑은 누군가와 나를 나누는 삶의 현실입니다. 라헬은 그 사랑을 받아들고 느끼고 체험하여 나누는 길을 열고 걸을 줄 아는 여인이었습니다. 그리고 그것이 가져다주는 온갖 현실적인 감각들을 온 몸과 온 마음으로 느꼈습니다. 라헬은 우리에게 '그저 사랑하라!'just love!고 가르칩니다. 불꽃 같은 사랑도 해 보지 않고서 사람이 어쩌고 인생이 어쩌고 하나님이 어쩌고 하는 것은 맥락 없이 의미 없는 이야기일 뿐입니다. 라헬은 사랑이 무엇인지 말할 수 있는 여인이었습니다.

2. 라헬은 또 사랑이 가져다주는 허전함을 배웠습니다. 그녀는 남편 사랑을 독식하려 여종 빌하를 앞세웠습니다. 또 언니의 아들이 가져온 합환채를 거래를 통해 사들이기도 했습니다. 무엇보다 그녀는 그렇게 원했던 막내아들 베냐민은 품에 안아보지도 못했습니다. 그래서 그녀 라헬의 눈물은 후손들에게 유명한 격언이 되기도 했습니다. 라헬은 그렇게저렇게 노력을 해서라도 사랑을 얻고 확인하고, 그리고 완성하고 싶었습니다. 그 사랑의 결실이 결국에 그녀에게 눈물과 슬픔으로 돌아오더라도 그녀는 사랑을 완성하고 싶었습니다. 그러나 그 모든 사랑꾼으로서의 여정 끝자락에 그녀는 '베노니' 즉, 슬픔의 아들을 외치며 세상을 떠났습니다. 그녀의 사랑을 위한 노력의 결과는 허무함이었습니다. 해 아래 인간의 노력과 헌신이라는 것이 그렇습니다. 특히 사랑을 위한 노력은 더욱더 그렇습니다. 그것은 헛되고 헛됩니다. 전도서는 우리에게 이런 가르침을 줍니다. "그들의 사랑과 미움과 시기도 없어진 지 오래이니 해 아래에서 행하는 모든 일 중에서 그들에게 돌아갈 몫은 영원히 없느니라." 전 9:6 라헬은 만족을 모른 채 사랑의 완성을 위해 맹렬하게 달렸으나 그 결론은 헛된 눈물뿐입니다. 그것이 사랑으로 이어지는 인생의 끝자락입니다.

3. 라헬은 은혜 아래에서 은혜의 길을 열었던 여인으로 서 있습니다. 비록 그녀는 막내아들 베냐민을 낳으면서 유명한 '라헬의 슬픔'의 주인공이 되었지만, 그녀가 낳은 첫아들 요셉은 결국 그 집안과 나아가 민족 그리고 세상을 구원하게 됩니다. 요셉은 스스로의 인생 마지막에 마치 어머니 라헬의 한스러운 삶을 대신 결론지으려는 듯 이렇게 말합니다. "당신들은 나를 해하려 하였으나 하나님은 그것을 선으로 바꾸사 오늘과 같이 많은 백성의 생명을 구원하게 하시려 하셨습니다." 창 50:20 그뿐 아닙니다. 야곱은 요셉의 두 아들을 마치 자기 아들인양 축복했습니다. 창 48:8~20 그래서 두 아들 므낫세와 에브라임은 훗날 아버지와 아버지 형제 레위를 대신하여 가나안의 땅의 분깃을 얻는 열두 지파에 당당히 이름을 올리게 됩니다. 라헬은 사랑으로 살았습니다. 그녀가 사랑으로 열심을 다해 살았던 인생은 고스란히 그 자손들에게, 나아가 온 이스라엘과 하나님의 백성들에게 축복이 되었습니다. 사랑으로 사는 삶은 열정이 있어야 합니다. 온 맘과 온 정성을 다해 사랑을 이루기 위해 살았던 여인, 사랑의 여정에서 만족함을 모르던 여인이 바로 라헬입니다.

종려나무 같이 굳센 여인
다말

유다가 그것들을 알아보고 이르되 그는 나보다 옳도다
내가 그를 내 아들 셀라에게 주지 아니하였음이로다 하고
다시는 그를 가까이 하지 아니하였더라

창세기 38장 26절

독야청청 여성이여

    조선시대 정묘호란과 병자호란이 일어났을 때 곳곳에서 스스로 목숨을 끊어 절개를 드러낸 선비들의 이야기가 많습니다. 그때 인조임금과 조정의 신하들은 남한산성으로 피난했지만, 세자와 다른 양반 귀족들은 강화도로 피난을 갔는데 청나라 군사들이 강화도까지 쳐들어오자 명나라를 향한 절개를 귀중하게 여기던 선비들이 명나라를 향해 배拜를 하고 스스로 목숨을 버렸던 것입니다. 문제는 그들 집안 여인들과 아이들이었습니다. 남편과 아버지가 숭명崇明의 정신으로 목숨을 버릴

윌렘 드로스트, 유다와 다말, 1670

때 집안의 여인들과 아이들은 두 가지 길을 선택해야 했습니다. 하나는 아버지나 남편을 따라 죽는 것이고 다른 하나는 청나라 군사들에게 잡혀 노리개가 되거나 노예로 잡혀가는 것이었습니다. 그런데 그 와중에 다른 선택을 한 경우도 있었습니다. 아이들을 둘러업고 가솔들을 이끌고서 산으로 들로 그리고 바다로 도망친 여인들이 있었던 것입니다. 그녀들은 남편이 속절없이 죽어버리자 가족들마저 죽음으로 몰 수 없다는 어미의 용감한 생각으로 모든 위협을 뚫고 아이들을 그리고 집안의 가솔들을 살려냈습니다.

안타깝게도 이 용감한 여인들은 훗날 지탄의 대상이 되었습니다. 이 여인들은 청나라 포로로 잡혀갔다가 돌아와 홍제천弘濟川에서 몸을 씻고 집안과 사회에 복귀한 여인들과 비슷한 취급을 받았습니다. 남편이 그렇게 절개 있는 죽음을 선택했는데 왜 남편을 따라 지조 있게 죽지 않았느냐는 것입니다. 아이들을 위해 무수한 사지를 넘어 살아온 어머니의 용감함은 회자 되지 않고, 명분을 앞세워 죽은 남편을 따르지 않은 문제만 비하한 것입니다. 이 모든 비난은 나라도 지키지 못하고 집안도 지키지 못하고 아내와 아이들도 지키지 못한 채 명분만 앞세우는 당대의 못난 남자들이 만들어 낸 환향녀還鄕女이야기입니다. 역사 이야기들을 살피다 보면 이렇게 못난 남자들의 이야기를 마주하게 됩니다. 남자로서 부끄럽다는 생각을 하게 됩니다.

최근 조사에 의하면 여러나라에서 자살률은 남성이 여성보다 평균적으로 다섯 배나 높습니다. 미국에서 자살한 사람 열 명 가운데 일곱 명은 백인 남성입니다. 캐나다에서 자살한 사람 다섯 명 가운데 셋은 남자입니다. 우리나라도 사업에 실패하거나 인생에 어려움을 겪을 때 가정을 버리는 경우의 대부분은 남성 가장들의 경우가 여성 가장의 경우보다 두 배 이상 높다는 조사가 있습니다. 어려운 상황, 힘든 환경을 잘 이기는 것은 보통 아이들을 품고 있는 여성들이지 남성들이 아니라는 주장은 설득력이 있습니다. 앞서 하와의 이야기도 이와 비슷한 해석이 가능합니다. 하나님 앞에서 죄를 범하여 에덴동산에서 쫓겨나게 된 아담은 당장에 "하나님이 주셔서 나와 함께 있게 하신 여자 그가 그 나무 열매를 내게 주므로 내가 먹었나이다"라고 말하며 책임을 하와에게 전가합니다.창 3:12 그러나 이때로부터 '모든 산 자의 어머니'라는 이름을 얻은 하와는 책임 전가나 일삼는 남편을 품고서 가인과 아벨을 그리고 나중에는 셋을 낳아 하나님의 청지기들의 계보를 잇는 자기 책임을 다합니다. 성경의 이야기나 세상의 이야기나 어려울 때 집안을 지키고 공동체를 지키고 자녀와 다음 세대를 지키는 것은 여성들의 몫이었습니다. 그러니 어찌 보면 성경을 여성의 안목으로 읽을 때 하나님의 뜻이 실제로 어떻게 이어졌는지를 알 수 있게 됩니다.

다말의 이야기가 바로 그렇습니다. 다말은 야곱의 넷째 아들 유다의 큰며느리입니다. 유다의 큰아들 엘과 결혼했습니다. 그런데 남편 엘이 악한 행위로 그만 죽고 말았습니다. 그러자 고대 사회의 형사취수兄死取嫂, 형이 죽으면 동생이 형수를 취하여 형의 대를 잇도록 하는 관습 관습으로 다말은 둘째 아들 오난에게서 자식을 봐야 했습니다. 그런데 오난이 형 엘의 대를 이어야 한다는 책임을 거부하여 역시 죽고 맙니다. 상황이 이렇게 되자 유다는 막내아들 셀라에게 며느리 다말을 맡기지 않습니다. 대신 다말을 친정집에 보내 버립니다. 다말은 그런 상황에서도 자신이 야곱과 유다 집안의 며느리인 것을 잊지 않았습니다. 그리고 아침 막장 드라마 같은 상황을 만들어 냅니다. 자신의 신분을 숨기고서 시아버지 유다와 관계를 해 자식을 본 것입니다. 한편으로 이 이야기는 우리 마음을 불편하게 합니다. 그러나 이 이야기는 하나님의 눈에서 그리고 다말의 눈에서 보아야 합니다. 그녀는 분명 자기 명분과 책임을 다한 여인입니다. 마태복음의 저자 역시 다말의 안목을 예수님의 계보 정리에 포함하기로 했습니다. 그리고 막장 드라마 같은 이 이야기를

그가 또 다시 아들을 낳고 그의 이름을 셀라라
하니라 그가 셀라를 낳을 때에 유다는 거십에
있었더라

창세기 38장 5절

거룩한 예수님의 계보에 담았습니다.^{마 1:3} 다말은 확실히 못난 남자들 사이에서 하나님의 인간 구원 사명의 계보를 잇는 사명을 인식하여 실천한 여성입니다. 그녀는 독야청청 홀로 종려나무의 굳건함을 드러낸 멋진 하나님의 종입니다.

유다와 아들들 그리고 다말

다말^{Tamar, 타마르}의 이야기는 이렇습니다. 야곱과 레아 사이에는 여섯 아들이 있었습니다. 그 가운데 네 번째 아들이 바로 유다입니다. 유다는 다른 형제들과 함께 동생 요셉을 해치려는 와중에 "우리가 우리 동생을 죽이고 그의 피를 덮어둔들 무엇이 유익할까 자 그를 이스마엘 사람들에게 팔고 그에게 우리 손을 대지 말자 그는 우리의 동생이요 우리의 혈육이니라"라며 그를 우물에서 꺼내 상인들에게 팔아넘긴 사람입니다.^{창 37:26~27} 그렇게 어린 동생이 남의 나라에서 종살이와 옥살이를 하며 힘들게 지내고 있을 때, 유다는 아버지와 형제들을 떠나 산지 서편 쉐펠라에 있는 아둘람으로 가서 거기 사람들과 어울려 살았습니다. 그는 거기서 가나안의 여자를 만나 결혼도 했습니다.^{창 38:2} 그 결혼은 야곱과 레아의 축복을 받은 것이 아니었습니다. 유다는 결국 큰 아버지 에서의 길을 따랐습니다.

유다와 가나안 여인 사이에는 세 아들이 있었습니다. 첫째는 '엘' 둘째는 '오난' 셋째는 '셀라'입니다. '엘'은 '경계하다', '오난'은 '힘이 있다', '셀라'는 '평화롭다'라는 의미입니다. 막내 셀라를 낳을 때 유다는 아둘람으로부터 떠나 다시 거십이라는 곳으로 거처를 옮겼습니다.^{창 38:5} 거십은 악십이라고도 알려진 아둘람에서 가까운 곳입니다. 거기서 유다는 장자 엘을 위해 신붓감 하나를 데려왔습니다. 그녀의 이름은 다말이었습니다. 다말 역시 가나안 여자였습니다. 그런데 문제가 생겼습니다. 큰아들 엘이 하나님 보시기에 악을 행하여 하나님께서 그를 죽이신 것입니다.^{창 38:7} 그가 무슨 악행을 저질렀는지는 알 수 없습니다. 그러나 한 가지 확실한 것은 그가 다말에게서 아들이나 자식을 얻기 전에 하나님께서 그의 생명을 거두어가셨다는 것입니다. 하나님께서는 악한 이가 하나님의 선택받은 백성의 계보를 잇지 않도록 하셨습니다. 그러나 유다로서는 슬픈 일이었습니다. 그래서 유다는 당시로서는 과히 문제 될 것이 없는 형사취수 방법으로 큰아들 엘의 후사를 이으려 했습니다. 그는 당장 둘째 아들 오난에게 형수 다말과 사이에 자식을 하나 두라고 명령했습니다.^{창 33:8} 그런데 오난은 아버지의 명령이 싫었습니다. 아버지의 요청대로 해서 형수에게 아이가 생긴들 그것이 자기의 아이일 리가 없다고 생각했던 것입니다. 그래서 그는 일부러 형수와 관계에서 자기 씨를 땅에 버립니다.창 38:9 결국 오난의 생각이나 행동 역시 악한 것이어서 하나님께서는 오난도 죽이셨습니다.창 38:10 상황이 조금 복잡해졌습니다.

이제 남은 것은 막내아들 셀라입니다. 일단 셀라는 아직 어렸습니다. 그래서 유다는 며느리 다말에게 "수절하고" 친정집에 가 있으라고 했습니다. 그런데 유다는 다른 마음이 있었습니다. 그는 "셀라도 그 형들 같이 죽을까?" 염려했습니다.창 38:11 그래서 다말을 셀라에게서 떼어 놓은 것입니다. 전모를 알고 있는 다말은 억울했지만, 명령에 순종합니다. 그렇게 시간이 흘렀습니다. 그리고 유다의 가나안인 아내 그러니까 다말의 시어머니가 죽었습니다. 유다는 아내를 위해 일정한 애도 기간을 거칩니다. 그러는 사이 막내아들 셀라도 장성하여 결혼할만한 성인이 되었습니다. 다말은 시아버지가 자기를 부르지 않을까 기다리고 있었습니다. 그러나 유다는 며느리 다말에 대해서는 까맣게 잊은 듯 자기 사업에나 몰두합니다. 그는 가나안 친구 히라와 더불어 딤나로 올라갔습니다. 그리고 거기서 자기 양떼 털 깎는 일을 진행했습니다.창 38:12 딤나는 아둘람으로부터 더 높은 산지 방향으로 약 10킬로미터가량 떨어진 곳 베들레헴 인근입니다. 유목민 가운데 부유한 사람은 양털을 깎을 때 아주 친한 친구와 더불어 동네 축제를 벌이는 전통이 있었습니다. 유다는 그 전통을 따라 친구 히라와 함께 그 시간을 즐겁게 보낸 것입니다. 그는 아마도 아침저녁으로 취해 있었을 것입니다.

한편 유다의 집안으로부터 쫓겨나다시피 친정에 나와 앉은 다말은 시아버지 유다에게서 아무 소식도 듣지 못한 채 과부로 지내고 있었습니다. 그녀는 시아버지 유다가 딤나에 있다는 이야기를 듣고서 당장 딤나로 가서 과부의 복장을 벗어버리고서 치장을 하고 얼굴을 가린 채 에나임 문에 자리를 잡았습니다.창 38:14 아내를 잃고 장례 기간을 모두 지난 유다는 다말을 거리의 여인으로 알았습니다. 그는 가던 길에서 내려서서 "길 곁" 다말에게 갔습니다. 그리고 상대가 며느리인 줄도 모르고서 "청하건대 나로 네게 들어가게 하라"고 말합니다.창 38:16 그러자 다말은 그에게 자기와 관계를 갖는 대가를 요구합니다. 아내를 잃고서 한동안 외롭고 적적했던 유다는 마음이 급해졌습니다. 그리고 다말이 원하는 대로 염소를 내 줄 때까지 자신이 가지고 있던 도장과 그 끈과 그리고 지팡이를 담보로 줍니다.창 38:18 요즘으로 치면 인감도장을 내

준 격입니다. 후에 염소를 준비한 유다는 자신이 담보물들을 찾기 위해 다말을 찾았지만 거기 딤나에서 그런 여인은 찾을 수가 없습니다. 오히려 사람들은 유다에게 딤나에는 원래 몸을 파는 여인이 없다고까지 말합니다.창 38:22~24 참으로 난감하고 남부끄러운 상황이 되고 말았습니다.

  그로부터 3개월 후 다말은 시아버지 유다의 아이를 갖게 되었습니다. 말 옮기기 좋아하는 사람들이 그 상황을 시아버지 유다에게 전합니다. 유다는 '며느리'가 집안의 망신이라고 생각하며 당장에 다말을 친정집으로부터 끌어내 불태워 죽이도록 명령합니다. 그때 다말은 자기가 유다에게 받아 두었던 담보물인 도장과 끈 그리고 지팡이를 내보이며 "이 물건 임자로 말미암아 임신하였나이다 청하건대 보소서 이 도장과 그 끈과 지팡이가 누구의 것이니이까"라며 울부짖습니다.창 38:25 그렇게 다말은 자신이 품고 있는 아이가 유다의 아이임을 입증합니다. 유다로서는 놀라 뒤로 넘어갈 일이 일어났습니다. 게다가 이렇게 놀랄만한 일을 벌인 며느리를 벌할 수도 없어 난감해졌습니다. 며느리가 벌을 받아야 하는 것이 아니라 자신이 벌을 받아야 하는 상황입니다. 결국 그는 이 모든 것이 다말의 깊은 뜻임을 이해하게 됩니다. 그리고 이렇게 말합니다. "그는 나보다 옳도다."창 38:26 다말은 그렇게 해

길 곁으로 그에게 나아가 이르되
청하건데 나로 네게 들어가게 하라 하니
그의 며느리인 줄을 알지 못하였음이라
그가 이르되 당신이 무엇을 주고 내게 들어오려느냐

창세기 38장 16절

서 야곱의 아들 유다 집안의 대를 잇게 됩니다. 그것도 쌍둥
이였습니다. 다말은 형의 이름을 베레스라 하고 동생의 이름
을 세라라고 불렀습니다. 이 가운데 베레스는 다윗의 8대 조
부가 됩니다.^{마 1:3~6} 결과적으로 다말은 자신의 노력으로 유
다 지파 다윗 집안의 혈통을 이었습니다. 집안의 남자들은 나
몰라라 하는 상황에 며느리 혼자 이 모든 거대한 일을 감당
합니다. 성경 하나님의 백성이 생육하고 번성하는 방식은 참
으로 아이러니합니다.

다말은 유다의 대를 이을 아들을 낳고
창세기 38장 다시 보기

　이야기의 전모를 표면적으로만 보고 읽고 나면 '막장'도 이
런 '막장 드라마'가 없습니다. 며느리 하나가 들어와 형제들
을 하나씩 잡아먹고 마지막으로 시아버지와 막장 불륜을 저
지른 것입니다. 동양의 유학에 깊이 젖은 우리네 정서에서 볼
때 이 창세기 38장은 차라리 성경에서 삭제하는 편이 낫겠다
싶습니다. 그런데 이 이야기는 절대로 가부장적 남성 중심의
권위적 시각에서 들여다보지 말아야 합니다. 이 이야기는

철저하게 다말의 편에서 그리고 하나님의 편에서 보아야 합니다.

일단 우리는 다말 이야기에 등장하는 남성들에 대해 비판적이어야 합니다. 여기 등장하는 남자들은 온통 못난 사람들 뿐입니다. 그들은 근본적으로 생각이나 사고가 하나님 앞에서 비틀어져 있었고 행동도 악했습니다. 무엇보다 그들은 하나님의 은혜와 사랑 가운데 자기들 집안에 주어진 과제와 사명이 무엇인지를 쉽게 망각하는 사람들이었습니다. 일단 유다는 동생 요셉을 팔아넘기고 나서 아버지 야곱의 집을 떠나 가나안 사람들이 사는 곳으로 가서 거기서 살았습니다. 그런 식으로 아버지의 집을 떠나 사는 것은 삼촌 에서에게서 볼 수 있는 모습이었습니다.창 26:34~35 에서의 삶은 예수님께서 예화로 드신 탕자의 모습을 닮았습니다. 이삭과 리브가는 그런 큰아들의 행동에 한숨만 내쉬었습니다. 그뿐 아닙니다. 유다는 아둘람과 거십에서 살면서 거기서 큰아들 엘을 위해 며느리를 구했는데 그녀 역시 가나안의 여자였습니다. 하나님의 부름 받은 백성으로 살기로 결단한 증조할아버지와 할아버지 그리고 아버지의 뜻을 거스르고서 자기만의 일탈의 삶을 살았던 사람입니다.

유다와 그 집안의 잘못된 행동은 그뿐이 아닙니다. 다말의 남편 엘은 악한 자였습니다. 어찌나 악했던지 그는 하나님께 죽임을 당했습니다. 하나님께서는 그를 통해 복음과 당신의 나라의 대를 잇기를 원하지 않으셨던 것입니다. 문제는 둘째 아들 오난입니다. 일단 그의 이름은 오늘날까지도 나쁜 습관을 지칭하는 표현이 되어 있습니다. 오난Onan이라는 이름은 자식을 낳기 위한 관계가 아닌 쾌락을 위한 자위행위를 상징하는 말입니다. 그는 형수와의 관계에서 나은 자식이 온전히 자기 것이 되지 않으리라 생각했습니다. 그는 아브라함으로부터 이어지는 하나님의 은혜로운 계보에는 관심이 없었습니다. 그래서 형수와의 올바른 관계를 거부합니다. 그리고 하나님께 죽임을 당합니다. 유다는 상황이 이렇게 되자 더욱 비틀어진 생각으로 빠져듭니다. 다말에게 과부옷을 입혀 평생 수절하게 만들고서 친정집으로 보내버립니다. 그의 머릿속에는 막내아들 셀라를 다말과 떼어놓아야 한다는 생각뿐입니다. 그는 모든 문제의 원인이 며느리 다말이라고 생각했습니다. 그렇게 그는 며느리를 잊고 그나마 이런저런 조언을 해줄 아내마저 잃고 아브라함의 계보를 이어야 한다는 사명도 망각한 채 친구 히라와 더불어 '양털 깎기' 축제에 흥청망청 빠져들었습니다.

유다의 이런 반복적으로 잘못된 처사를 상징하는 한 구절이 우리가 함께 읽는 38장에 등장합니다. 38장 16절에 보면 "길 곁으로 그에게 나아가"라는 표현이 있습니다. 유다는 자신이 가던 길, 가야할 길을 돌아서 벗어났습니다. 며느리를 알아보고 돌아선 것이 아닙니다. 순전히 정욕에 이끌려 그 가던 길을 돌아서 '예쁘게 차려입은' 여인을 향한 길로 벗어난 것입니다. 이제 그는 자기에게 사명으로 주어진 길 떠나는 일을 밥 먹듯이 하고 있습니다. 이 '삐뚤어진 시아버지'의 행동은 그뿐이 아니었습니다. 그는 하나님의 약속과 사명의 삶으로부터 한 발 더 벗어납니다. 가장으로서 그가 가지고 있던 도장과 그 끈과 지팡이를 여인에게 던져준 것입니다. 여인과의 잠자리에 대한 한순간 욕망이 그와 그의 집안이 이루어 놓은 공든 탑을 바닥까지 무너뜨렸습니다. 장자의 권리를 팥죽 한 그릇에 넘긴 에서와 꼭 닮은 행동입니다. 유다는 결국에 모든 일이 다말에게서 다 벌어지고 나서야 자신이 얼마나 어리석었는지 깨닫게 됩니다. 그는 다말을 향해 이렇게 말합니다. "그는 나보다 옳도다" 그는 며느리 앞에서 자기의 평생이 어리석은 길의 연속이었음을 인정했습니다.

그렇다면 이제 다말의 속 이야기가 궁금합니다. 창세기 38장의 이야기 전반에서 볼 때, 다말은 당대의 여성으로서는 드물게 자기주장이 강한 사람이었습니다. 그녀는 시집가 며느리가 된 집안의 한 사람으로서 자기 위치와 해야 할 일의 의미를 분명하게 아는 여인이었습니다. 그녀는 남편 엘이 죽었을 때나 그 동생 오난에게서 후사를 얻어야 하는 모든 상황들을 운명처럼 받아들였습니다. 심지어 시아버지가 과부의 옷을 입고서 수절하며 지내라고 했을 때도 그 모든 것이 막내아들 셀라를 기다리게 하는 것이라 여겼습니다. 일단 다말은 과부로서 평생을 의지할 아들이 필요했습니다. 젊어서야 시아버지 그늘 밑에 있으면 되었겠지만, 나이가 들고 늙어서도 그 안전장치가 여전할 리는 없었습니다. 그러니 유다 집안에서 자기에게 아들을 주어 안전한 삶을 살도록 해주리라 믿었습니다. 그녀는 자기를 위해 그렇게 하는 것이 유다 집안에도 좋은 일이라 생각했습니다. 그런데 상황은 생각대로 흘러가지 않았습니다. 아들을 얻을 기회는 점점 멀어졌습니다. 자기주장과 운명개척의 의지가 강했던 다말은 그 모든 상황을 수동적으로 받아들일 수 없었습니다. 결국 다말은 스스로 계획을 세우고 그것을 결행합니다. 그녀는 시아버지와 더불어 그런 일을 벌이는 것이 그녀에게 매우 위험할 수도 있음을 누구보다 잘 알았습니다. 그런데도 그녀는 그 값진 대가를 지불하고서 아들 얻기를 성취합니다.

'다말'Tamar은 '대추야자나무'date-palm tree라는 뜻입니다. 대추야자나무는 크고 굵은 대가 하늘을 향해 쭉 뻗어 올라가는 나무입니다. 대추야자나무는 곧게 자란 나무 끝에 주렁주렁 맛 좋은 대추야자를 열매 맺습니다. 과연 다말은 대추야자나무처럼 곧고 푸르러 무성하게 열매를 맺는 여인이었습니다. 우리는 다말을 그녀의 시대가 가진 온갖 바르지 못하여 불의한 모습에도 불구하고 홀로 우뚝 서서 하나님 약속의 결실을 성취한 여인으로 보아야 합니다. 유대인들의 이야기책 『탈무드』*Talmud* 역시 다말이 하나님의 훌륭한 예언자적 자질을 가진 여인이라고 보고 있습니다. 그녀는 하나님으로부터 유다 집안에 거룩한 계보가 이어져야 한다는 환상을 얻었습니다. 그래서 그녀는 유다의 집안에서 다윗의 계보가 이어질 것을 알고 있었습니다. 그녀는 상식적이지 않은 행동을 통해서라도 자신을 통해 유다의 끊어질 것 같은 명맥이 이어져야 함을 분명하게 알고 있었던 것입니다. 우리 역시 창세기의 이 눈살 찌푸리게 만드는 이야기를 다말의 관점에서 읽어 내려갈 줄 알아야 합니다. 창세기 38장의 주인공은 못난 유다나 그 아들들이 아니라 사명으로 투철한 다말입니다.

종려나무처럼 굳건한 여인

우리는 흔히 여인들을 흔들리는 갈대와 같은 존재라고 합니다. 그러나 흔들리는 것은 남자들의 눈이지 갈대로 서 있는 여인들이 아니라는 것을 알아야 합니다. 적어도 창세기 38장은 흔들리는 남자들의 못난 마음과 눈을 이야기합니다. 창세기의 이 독특한 이야기에서 하나님께서는 남자들이 가볍게 여기는 한 여인을 들어 당신의 거룩한 약속의 계보를 이어가고 계십니다. 티크바 프라이머 켄스키Tikva Frymer-Kensky는 유대인 여성 아카이브Jewish Women Archive에 2014년에 기고한 글 "성경의 다말"Tamar: Bible에서 창세기 38장의 유다가 어렵사리 그 계보를 이어 다윗 왕가가 명맥을 유지하게 된 이야기는 창세기 37장과 39장의 요셉의 역경과 성공 이야기와 함께 읽어야 한다고 말했습니다. 못난 유다가 요셉에게 그 자리를 빼앗길 뻔했다가 결국 가나안 여자 다말에게서 겨우 명맥을 잇게 되었다고 말하고 있는 것입니다. 그러니 남자들은 이 이야기를 주의 깊게 읽어야 합니다.

우리는 이제 유다와 그 아들들 그리고 다말의 이야기에서 다음의 몇 가지 교훈을 정리해 볼 수 있습니다.

1. 다말은 자기 정체성이 확고한 여인이었습니다. 자기 정체를 아는 일은 중요합니다. 모든 문제는 자기 정체에 대한 몰이해에서 출발합니다. 자기가 누구인지, 무엇을 해야 하는지를 분명하게 아는 일이 만사가 형통하게 되는 지름길이요 출발지입니다. 다말은 자기가 유다 집안의 며느리라는 사실을 분명하게 인식했습니다. 그녀가 행동한 다소 불편스러운 행동의 출발은 모두 분명한 자기 이해에서 비롯된 것입니다. 그녀는 자신이 유다 집안의 한 사람으로서 그리고 여인으로서 무엇을 해야 하는지 잘 알았습니다. 그리고 그 인식으로부터 유다의 계보를 이어 다윗 가문의 문을 활짝 열었습니다.

2. 다말은 하나님 앞에서 옳고 그름에 관하여 용기 있어야 함을 가르쳐 줍니다. 성경이 다말의 이야기를 창세기 한복판에 버젓이 담아 둔 것은 그녀의 행동이 원칙에 맞게 이루어진 것임을 말하려는 것이 아닙니다. 그녀의 그 방법이 정당화될 수는 없습니다. 한 사회의 질서와 규범을 유지해야 한다는 절대화된 가치관 속에서 다말의 행위는 지탄의 대상 그 이상도 그 이하도 아닙니다. 그러나 우리는 이 이야기를 유다와 그 집안 남자들의 행동에 비추어 상대적으로 살펴야 합니다. 다말의 이야기는 상대적으로 자기 자리를 지키지 못하는 집

안 남자들을 앞에서 용감하게 일을 벌인 여인의 뜻밖의 행동으로 이해해야 합니다. 그런 면에서 우리는 다말의 용기를 값지고 귀하게 여깁니다. 의를 위해 행하는 일에 그림자가 없을 수 없습니다. 불의한 세상 가운데서 벌이는 의로운 행위에는 언제나 명암이 있게 마련입니다. 어두운 면을 미리 생각하여 의로 밝히는 내일을 외면해서는 안 됩니다. 다말의 행동은 이런 맥락에서 하나님의 거룩한 계보가 이어져야 한다는 밝은 면을 지킨 것으로 이해됩니다. 다말은 모든 예측되는 부정적인 결과에도 불구하고 자기에게 주어진 사명을 완성한 용기 있는 여인이었습니다.

3. 다말은 심지가 곧은 사람에게 어떤 은혜가 임하는지를 가르쳐 줍니다. 다말의 용기어린 행동은 다윗으로 그 계보가 연결됩니다. 룻기 4장 18절에서 22절은 그 결과를 이렇게 기록합니다. "베레스의 계보는 이러하니라 베레스는 헤스론을 낳고 헤스론은 람을 낳았고 람은 암미나답을 낳았고 암미나답은 나손을 낳았고 나손은 살몬을 낳았고 살몬은 보아스를 낳았고 보아스는 오벳을 낳았고 오벳은 이새를 낳고 이새는 다윗을 낳았더라." 다윗과 예수님으로 이어지는 은혜의 계보는 이렇게 이어지고 있습니다. 하나님께서는 다말을 통해 이

은혜로운 계보가 연결되도록 하신 것입니다. 우리는 결국 이 다말의 이야기에서 심지가 곧은 사람, 대추야자나무처럼 굳건하게 서 있는 사람을 통해 하나님의 은혜가 임하고 이어진다는 것을 배울 수 있습니다. 다윗의 계보에서 주어진 세상을 구원하시는 하나님의 은혜는 이리저리 휘어진 유다와 그 아들들의 태도와 행위로부터 기인한 것이 아닙니다. 하나님께서 다말의 심지를 그 이름처럼 곧게 하신 것이 은혜의 원인이었습니다. 다말은 흔들림 없이 굳건한 하나님의 여인이었습니다. 우리 역시 다말처럼 굳건하여 변함없는 하나님의 은혜의 통로가 되어야 합니다.

옳은 길을 선택한 여인
라합

우리가 듣자 곧 마음이 녹았고 너희로 말미암아 사람이 정신을 잃었나니
너희의 하나님 여호와는 위로는 하늘에서도
아래로는 땅에서도 하나님이시니라
여호수아 2장 11절

인생은 선택

남미의 유명한 작가인 파울로 코엘료Paulo Coelho는 2016년 어느 날 그의 공식 블로그에 흥미로운 이야기 하나를 실었습니다. 인도의 의사인 프로야Proja, 이름이 이렇게만 알려져 있습니다는 그녀의 아버지와 함께 동네 병원을 운영하고 있었습니다. 어느 날 그녀의 병원에 사스와라티Saswarati라는 여인이 한 살 된 그녀의 딸과 함께 왔습니다. 아이는 열이 심했습니다. 사스와라티는 자기에게는 당장 지불할 돈이 없지만, 아이를 치료해 주면 어떻게 해서든 돈을 갚겠다고 했습니다. 프로야는 돈을

율리우스 스코노르 폴 카롤스펠트, 정탐꾼 두 명을 몰래 내보내는 라합, 1860

받지 않고 아이를 치료해 주기로 했습니다. 아이를 치료하는 동안 사스와라티는 남편이 자기와 딸만 남긴 채 가진 돈을 모두 들고 사라졌다고 말하면서 삶이 막막하다고 이야기했습니다. 그녀는 딸이 치료받는 내내 울었습니다. 그날 이후 프로야는 사스와라티와 그녀의 딸을 잊을 수 없었습니다. 그들은 여전히 가난과 싸우고 있을 것이며, 아이는 다시 아프게 될 것입니다. 프로야는 당장 친척 가운데 사스와라티를 딸과 함께 가정부로 고용할 수 있는 사람에게 소개했습니다. 이후 프로야는 사스와라티와 비슷한 처지에 있는 여성들이 안정된 삶을 살도록 하는 일에 헌신하게 되었습니다. 그녀는 결국에 인도 여성들의 생활 안정과 독립을 지원하는 나아리NAARI라는 단체도 만들었습니다. 프로야는 사스와라티의 딸을 외면하지 않고 치료해주기로 한 그날 그 선택으로 인생이 바뀌게 되었습니다. 프로야는 파울로 코엘료에게 이런 말을 덧붙여 남겼습니다. "우리에게는 늘 선택이 있습니다. 주어진 상황을 있는 그대로 둘 것인지 아니면 책임감을 품고서 그것을 변화시킬지는 우리의 선택과 결단에 달렸습니다."

프로야의 말은 그녀 만의 인생 이야기가 아닙니다. 프로야는 우리 각자일 수 있습니다. 우리 역시 인생에서 선택의 시간을 갖습니다. 그때 우리는 하나님 편에서 하나님의 선하심과 세상을 구원으로 인도하시고자 하는 사랑의 마음에서 합당한 선택과 결단을 해야 합니다. 물론 그 선택이 옳았는지 그른지는 나중에야 알 수 있습니다. 선택해야 하는 상황에는 언제나 그렇듯 갈등과 번민이 동반됩니다. 그런데도 우리는 옳은 선택을 위해 곤고한 고민의 여정을 이어가야 합니다. 그렇게 해서 우리 하나님의 은혜 아래 인생에서 매번의 가장 옳은 선택의 자리로 한 걸음 더 나아가야 합니다.

오늘의 주인공 라합Rahab은 우리에게 귀하고 옳은 선택의 가치를 가르쳐 줍니다. 그녀는 이스라엘 백성들이 요단강을 건널 준비를 하면서 보낸 정탐꾼들을 숨겨주고 그 댓가로 훗날 자신과 가족의 목숨을 구했습니다. 사실 국가에 충성하고 신의를 지켜야 한다는 생각으로 라합의 이야기를 들어보면 그녀의 선택이 과히 옳았다고 여겨지지 않습니다. 우리에게는 끝까지 충절을 지킨 진주 기생 '논개'論介가 있기 때문입니다. 그래서 우리 눈에는 어떤 방식으로 보든 라합은 충성스러워 보이지 않습니다. 그녀는 여리고에 비해 침략자 이스라엘에 기대는 것이 목숨을 부지하는 일에 훨씬 도움이 된다는 판단 한 것으로 보입니다. 그녀의 선택은 지조와 절개의 전통적인 우리 여성상에 어울리지 않는 것으로 보입니다.

그런데도 우리 신앙은 그리고 교회는 라합의 선택이 옳았다는 결론을 가지고 있습니다. 비록 그녀가 기생*porne, prostitute*이 었으며 조금은 천해 보이는 그녀의 선택이었다는 전제가 달려 있지만, 신약성경 여기저기에서 그녀의 선택은 옳았다는 찬사 가 나옵니다. 히브리서 11장 31절은 그녀가 믿음 가운데 이스 라엘을 도왔으며 그렇게 해서 순종하지 않은 사람들과 함께 멸망하는 길로 가지 않았다고 말합니다. 야고보서 2장 25절 역 시 그녀가 의로운 행동을 선택하여 결행하여 그 행위로 의롭 게 되었다고 말합니다. 무엇보다 라합은 훗날 이스라엘 백성 들과 가나안에 정착해 살다가 '살몬'이라는 사람과 결혼해 아 들을 하나 낳았는데 그가 바로 보아스입니다.마 1:5 다윗의 증조 할아버지입니다. 그러니 라합은 다윗에게 고조할머니가 됩니 다. 적어도 성경 전체에서 라합의 선택과 그 결과는 옳았고 선 한 것이었음이 입증됩니다. 그렇다면 우리는 이제 그녀의 선 택 결과가 아니라 그녀의 선택 과정을 살펴보아야 합니다. 그 래서 그녀가 우리에게 전해주는 옳은 선택의 교훈을 찾아보아 야 합니다. 구약과 신약 그리고 유대교 전통과 기독교 전통을 모두 통틀어 찬양해 마지않는 라합의 선택에는 과연 무엇이 있었던 것일까요?

우리가 듣자 곧 마음이 녹았고
너희로 말미암아 사람이 정신을 잃었나니
너희의 하나님 여호와는 위로는 하늘에서도
아래로는 땅에서도 하나님이시니라

여호수아 2장 11절

여리고 멸망과 정탐꾼들

라합의 이야기는 모세가 죽고 여호수아가 그 뒤를 이어 이스라엘의 가나안 정착을 위한 지도자로 세워지는 시점으로부터 시작됩니다. 이야기는 복잡하지는 않습니다. 한 번 살펴보도록 하겠습니다. 하나님께서는 여호수아에게 "너는 이 모든 백성과 더불어 일어나 이 요단을 건너 내가 그들 곧 이스라엘 자손에게 주는 그 땅으로 가라"고 명령하십니다.수 1:2 하나님께서는 여호수아에게 용기를 주시며 이렇게 말씀하셨습니다. "내가 모세에게 말한 바와 같이 너희 발바닥으로 밟는 곳은 모두 내가 너희에게 주었다."수 1:3 여호수아는 담대한 마음을 품었습니다. 그리고 진중을 다니며 삼일 안에 짐을 챙겨서 요단강을 건널 준비를 하라고 외쳤습니다.수 1:11 요단강을 건너는 일은 르우벤 지파와 갓 지파 그리고 므낫세 반 지파에도 명령으로 주어졌습니다. 그들은 이미 요단 동편에 머물러 살기로 결정이 되었음에도 여호수아는 요단강을 건너 하나님께서 약속하신 땅을 차지하는 것은 모든 이스라엘이 함께 해야 하는 일이라고 강조했습니다.수 1:13-15, 민 32:33-42, 신 3:13-15

모든 이스라엘 백성들에게 도강할 준비를 시킨 여호수아는 일단 그 땅의 상황을 살피고자 했습니다. 당장에 강 건너에 있는 여리고는 꽤 강력한 도시였습니다. 그러니 무작정 건너가 적들을 상대하는 것보다는 그들의 현황과 동태를 미리 살피는 것도 중요하리라 판단한 것입니다. 여호수아는 그들에게 "그 땅과 여리고를 엿보라"고 명령합니다.수 2:1 여호수아의 명령을 받은 정탐꾼 두 사람은 싯딤을 출발해 요단강을 건넌 후 여리 고에 잠입해 들어갔습니다. 그들은 거기서 라합이라는 '기생의 집'으로 갔습니다. 정탐꾼들로서는 아무래도 드나드는 사람이 많은 유곽이 도시로 스며들기에 좋은 채널이 될 수 있으리라 생각한 것 같습니다. 그들은 거기서 다른 여행자들과 함께 머물면서 마치 여독이라도 풀려는 듯 행동했을 것입니다. 그런데 어찌 된 일인지 그만 탄로가 났습니다. 사람들은 곧 그들이 강 건너 도착해 있는 히브리인들이라는 것을 알았습니다. 그리고 그것을 여리고의 왕에게 밀고했습니다.수 2:2

이야기를 들은 여리고 왕은 당장 라합의 집으로 병사들을 보냈습니다. 그리고 라합에게 그들을 끌어내라고 명령했습니다. 흥미롭게도 왕은 라합을 함부로 대하지 않습니다. 아마도 라합과 라합의 집은 여리고에서 유명한 곳이었을지 모릅니다. 혹시 추하고 더러운 도심의 유곽이기보다는 도시의 정치와 경제를 주무르는 사람들이 모여드는 고대적 형태의 '사교의 장' 이었을지도 모릅니다. 아마도 왕 역시도 다른 왕족들이나 귀족들과 더불어 이곳을 이용했을지도 모릅니다. 혹시 왕이나 다른 귀족들은 이곳 라합의 집으로부터 흘러나오는 정보들을 통해 그들의 정치와 경제 활동을 안전하게 이어갔을지도 모릅니다. 그러니 그런 라합을 함부로 다룰 수는 없었을 것입니다. 그래서 왕의 사람들은 위세 당당한 라합에게 이렇게 이야기한 것입니다. "네게로 와서 네 집에 들어간 그 사람들을 끌어내라 그들은 이 온 땅을 정탐하러 왔느니라."수 2:3 성경의 어투로 읽으니 그렇지 왕의 신하들과 병사들은 실제로는 이렇게 이야기했을 것입니다. "이보게 라합, 여기 이 집에 수상한 사람들이 들어왔다고 들었네. 그들이 있는 곳을 알려주면 우리가 다른 손님들 방해되지 않게 조용히 데려갈 테니 그들이 있는 곳을 알려주게. 아시다시피 그들은 강 건너에 와 있는 히브리인들이라고 보이네. 부탁이네."

그런데 어떻게 된 일인지 라합은 이미 그들을 숨겼습니다. 그리고 이렇게 말합니다. "과연 그 사람들이 내게 왔었으나 그들이 어디에서 왔는지 나는 알지 못하였고 그 사람들이 어두워 성문을 닫을 때쯤 나갔으니 어디로 갔는지 내가 알지 못하니 급히 따라가라 그리하면 그들을 따라 잡으리라."수 2:4-5 라합은 그들을 알지도 못하고 지금 어디로 갔는지도 알지 못한다고 급히 둘러댑니다. 그러나 사실 그녀는 이미 그 정탐꾼들을 그녀 집 지붕 위 '삼대'를 널어놓은 곳 아래에 숨겨두었습니다. 왕의 사람들은 하릴없이 추격에 나섰습니다. 여리고의 병사들이 라합의 말을 그냥 넘기기는 어려웠을 것입니다. 그들은 요단강 나루터까지 나갔지만 아무런 소득도 얻지 못한 채 돌아오고 말았습니다. 왕과 성의 군사들도 나름의 조치를 취했습니다. 추격대가 출발하자 곧 여리고 성문을 닫은 것입니다.수 2:7 성내에서는 아마도 대대적인 색출 작업을 벌였을 것입니다. 라합은 곧 지붕으로 올라가 정탐꾼들에게 자신의 속내를 이야기합니다. 여리고에서 내노라하는 사교클럽을 운영하는 입장에서 여러 정보를 취합해 본 결과 자기와 자기 집은 이스라엘의 하나님을 믿고 장차 이 땅을 정복하게 될 이스라엘에 귀속하여 살기로 했다는 요지입니다.수 2:8-13 그녀는 자기의 클럽에서 일하면서 들었던 모든 이야기가 사실이라면 그들 앞에 선 히브리인들은 대단한 사람들이고 그들이 믿고 의지하는 하나님은 진정한 하나님이시리라 확신했습니다. 그래서 그녀는 이렇게 고백합니다. "너희의 하나님 여호와는 위로는 하늘에서도 아래로는 땅에서도 하나님이시니라."수 2:11

라합의 이야기를 들은 정탐꾼들은 한편으로 고맙기도 하지만 다른 한편으로 그들의 이스라엘 공동체가 그녀와 그 가족들을 받아들일지 염려했을 것입니다. 그러나 그들은 라합의 일련의 행동들을 보고서 마음의 결단을 합니다. 그리고 그들 스스로 여호수아를 비롯한 이스라엘 온 백성들에게 보증인이 되어 라합과 그 가족들을 살려내리라고 선언을 합니다.수 2:14,17 이야기가 이쯤 되고 나니 라합 쪽에서도 확신이 들었던지, 그녀는 정탐꾼들을 자기 집에 있는 창문을 통해 달아내려 안전하게 도망치도록 도와줍니다.수 2:15 사실 라합의 집은 여리고 성벽 그 자체였습니다. 집이 바로 성벽인 구조는 이 시대에 흔했습니다. 거대한 도시들이나 견고한 별도의 성벽을 갖고 있지 여리고 같은 중소 규모 도시들은 오래전부터 사람들이 살아온 집들의 외곽을 연이어 성벽으로 활용했던 것입니다. 라합의 집도 이런 식으로 바깥 성벽 역할을 했던 곳이었습니다. 이때 정탐꾼들과 라합 사이에는 확실한 신뢰 포인트 하나를 더 구축하게 됩니다. 라합은 그들에게 추격대가 도시 주변과 일대를 뒤지고 있으니 일단 여리고 옆 유대광야 산지로 가서 거기서 며칠 숨어있다가 요단강을 건너 돌아가라고 말하며 마지막까지 그들을 돕습니다.수 2:16 정탐꾼들로서는 고마운 일이었습니다. 정탐꾼들도 라합에게 화답합니다. 그들은 군대를 끌고 돌아와 여리고를 정복할 때 집 창문에 붉은 줄을 달아두라고 말합니다. 그렇게 되면 이스라엘의 군대가 여리고를 정복할 때 그 집은 화를 피하리라는 것입니다.수 2:18

라합이 그들을 창문에서 줄로 달아 내리니
그의 집이 성벽 위에 있으므로
그가 성벽 위에 거주하였음이라

여호수아 2장 15절

라합과 정탐꾼들의 마지막 대화는 신기하게도 서로 합이 맞습니다. 일단 정탐꾼들은 라합의 말대로 해서 안전하게 돌아갈 수 있었습니다. 그러나 정탐꾼들이라도 여리고가 구체적으로 어떻게 정복될지 그 방법에 대해서는 알지 못하고 있는 상황입니다. 그런데도 그들은 마치 여리고 멸망 시나리오를 알고 있기라도 하듯 라합에게 "창문에 붉은 줄을 매고 네 부모와 형제와 네 아버지의 가족을 다 네 집에 모으라"고 충고합니다.수 2:18 후에 정탐꾼들은 여호수아에게 돌아가 그들이 여리고에서 겪은 일들을 모두 보고하고 라합의 일들도 보고했습니다. 그리고 실제로 여리고가 하나님의 뜻과 능력으로 무너질 때,수 6:20 "성벽이 무너져 내렸으나", "그 기생의 집"은 무사했습니다. 정탐한 두 사람은 다른 무너진 성벽들 사이에서 "그 기생의 집"으로 "들어가서 라합과 그의 부모와 그의 형제와 그에게 속한 것을 이끌어내고 또 그 친족도 다 이끌어내어 그들을 이스라엘의 진영 밖에" 두었습니다.수 6:25 라합의 분별과 선택 그리고 결단은 과연 옳았던 것입니다. 라합의 무모해 보이지만 결과적으로 현명했던 선택으로 라합 자신과 및 그 가족들은 안전을 얻었으며 나아가 이스라엘의 일원으로 그 땅에서 살게 됩니다.

라합이 옳았다
여호수아 2장 깊이 읽기

    사실 성경은 일관되게 그녀를 **창녀**히브리어로 *ishah zonah*, 혹은 헬라어로 *porne*라고 말합니다. 이 단어는 고대에서 몸을 파는 여자를 말하지만, 일종의 종교적인 의미로서 신전의 일을 돕는 차원의 '몸을 파는 여자'를 말하기도 합니다. 어찌 되었든 그녀가 몸을 파는 일을 직접 하거나 혹은 다른 여자들을 두고서 그런 사업을 했다는 것은 확실해 보입니다. 그런데 흥미롭게도 유대인들의 문헌 특히 아람어로 된 『탈굼』*Targum*이라는 성경에서는 그녀를 여관주인innkeeper으로 언급합니다. 요세푸스Titus Flavius Josephus라는 예수님 시대 유대인 역사가 역시 그녀가 여관을 운영했다고 말했습니다. 그렇다면 우리는 이런 상상을 해 봅니다. 당시 여관업은 매춘업과 같은 건물을 사용하지 않았습니다. 단, 옆에 나란히 서 있기는 했습니다. 그러니 우리는 라합이 여관업과 유곽 그리고 식당을 서로 연결된 일련의 콤플렉스에서 동시에 운영했으리라 생각할 수 있습니다. 그녀와 그녀의 식솔들에게 여리고는 삶의 기반이며 중심이었습니다. 그녀는 온전히 여리고를 통해 삶을 이어가고 누리고 또 번성하고 있었습니다. 그렇게 여리고에서 꽤 잘 나가던 여인 라합에게 일생일대의 결단의 시간이 다가온 것입니다. 여호수아 2장을 다시 한번 읽으며 라합의 선택의 과정을 살펴보겠습니다.

라합은 확실히 자기 삶에서 최선을 분별하는 지혜를 가진 여인이었습니다. 그녀는 직업상 다양한 정보를 얻을 수 있었습니다. 그녀는 다양한 종류의 사람들에게서 가능한 다양한 정보를 취합했습니다. 그런데 그녀의 정보망에 특이한 이야기들이 들려오기 시작했습니다. 이집트에서 노예들이 탈출했는데 바로의 군대가 그들을 막아서지 못하고 홍해에서 몰살했다는 것입니다. 이후 애굽 탈출에 성공한 사람들은 광야를 지나 에돔과 모압, 암몬과 아모리 사람들의 땅을 지나왔고 차례로 그 땅을 무너뜨렸습니다.수 2:10 그들은 마침내 여리고 건너편에 와 진을 치고서 이제 막 요단강을 건너 이 땅으로 들어오려 하고 있습니다. 이야기를 들은 가나안 쪽 사람들은 큰 혼란에 빠졌습니다. 들리기에 가나안 사람들은 "간담이 녹고 마음이 녹고 정신을 잃었다"고 합니다.수 2:9,11 무엇보다 그 '히브리'라 불리는 그 사람들은 여호와 하나님으로부터 보호를 받으며 그분이 그들의 길을 인도하신다는 것을 라합은 귀담아 들었습니다. 그들이 지나온 모든 땅의 신들이 이 여호와 하나님께 무너졌다는 것입니다. 그녀는 점차 히브리 사람들에게 의지하여 그쪽에 귀의하는 것이 옳겠다는 마음을 품게 되었습니다. 그렇습니다. 라합은 확실히 상황을 잘 분별하고 판단할 줄 아는 여인이었습니다.

그런 라합에게 낯선 사람들이 나타났습니다. 라합은 오랜 경험으로 그들이 강 건너온 히브리 정탐꾼이라는 사실을 알았습니다. 그런데 라합은 그들을 신고하지 않고 오히려 그들을 돕습니다. 그녀는 당장 그들을 자기 집 지붕 한 곳에 쌓아 둔 삼대 사이에 숨겨둡니다. 그리고는 여리고의 군사들에게는 모르겠다고 시치미를 뗍니다. 여리고의 군대가 모두 그녀의 거짓말에 속아 요단강부터 주변 광야를 들쑤시는 동안 라합은 조용히 지붕으로 올라갔습니다. 그리고 거기서 정탐꾼들에게 자기 속내를 털어놓습니다. 그녀는 여리고 성 사람들과 가나안 사람들이 히브리인들에 대해 심히 두려워하고 있으며, 무엇보다 히브리 사람들이 출애굽 이후 벌인 일들을 모두 들어 알고 있다고 전합니다. 이 모든 상황은 정탐꾼들을 통해 고스란히 여호수아의 귀로 들어갔습니다.수 2:23-24 적국 사람들의 마음 상태를 아는 것보다 더 좋은 정보는 없습니다. 확실히 라합은 여리고를 넘어선 삶의 대안이 필요하였던 것 같습니다. 그녀는 지금까지와는 다른 새로운 살길을 열고자 하는 의지와 열망이 가득했습니다.

라합의 놀라움은 단순히 상황을 잘 분별하고 하나님의 사람들을 알아보아 그들을 잘 대접하는 것으로 그치지 않았습니다. 그녀는 정탐꾼들 앞에서 전대미문의 신앙고백을 하게 됩니다. 그녀의 고백은 여호수아서에 이렇게 남아 있습니다. "너희의 하나님 여호와는 위로는 하늘에서도 아래로는 땅에서도 하나님이시니라."수 2:11 그녀는 자신이 이제껏 듣고 경험한 것, 그리고 정탐꾼들을 통해 느꼈던 하나님을 한마디로 요약합니다. 그분은 하늘과 땅을 통틀어 가장 위대하신 분이라는 것입니다. 라합은 이방 여인이었습니다. 말 그대로 사교클럽과 유곽을 운영하던 여인이었습니다. 그녀에게도 나름 섬기는 '신들'이 있었을 것입니다. 아니면 그녀는 이제껏 필요에 따라 여러 신들을 갈아치워 가며 하늘에 대한 신앙을 함부로 여겼을 수도 있습니다. 그랬던 라합이 이스라엘의 하나님에 대하여 듣고서 그 마음을 바꿉니다. 누가 들어도 회심conversion이라 할 만한 고백을 하나님께 드리고 있습니다. 라합의 참된 모습은 바로 여기에 있으며 라합과 그 가족의 구원은 바로 이 고백으로부터 가능하게 된 것입니다.

구약성경과 신약성경 모두에서 라합은 신앙의 사람입니다. 그녀의 하나님에 대한 신앙은 그녀의 결단에 의한 것입니다. 그녀는 하나님의 사람들이 그녀의 인생에 다가왔을 때, 바로 그때 인생의 전환기를 만들었습니다. 그녀와 그녀의 가족 모두가 그녀의 결단으로 새 삶으로 나아가게 되었습니다. 우리는 고넬료의 이야기에서처럼 어느 한 남자 가장, 아버지, 형, 아들이 회심하여 그 가정이 하나님께로 돌아오는 이야기를 흔하게 봅니다.^{행 10:1~48} 하지만 여인이 한 가족과 그 가족들에게 딸린 또 다른 식솔들을 이방인의 삶에서 하나님의 백성의 자리로 이끌어 들이는 일은 쉽게 볼 수 있는 일이 아닙니다. 그런데 라합은 과연 그런 여인이었습니다. 그녀는 자신의 정보와 판단으로 하나님의 백성으로 살아가는 삶을 선택했습니다. 그리고 그녀 자신뿐 아니라 온 가족과 식솔들을 하나님의 백성의 자리로 인도하여 들였습니다. 라합은 이런 면에서 참으로 탁월하여 옳은 선택을 한 여인이었습니다. 라합은 과연 옳았습니다.

분별과 결단의 지혜를 배우기

유대인들의 문헌에 의하면 라합이 열 살 되던 때 모세와 이스라엘 백성들은 애굽으로부터 나와 가나안을 향한 여정을 시작했습니다. 그리고 모세와 이스라엘 백성들이 시내산을 지나 광야 40년 세월을 보내는 동안 라합도 장성하여 우리가 알고 있는 그 일을 하게 되었습니다. 그런데 이렇게 되면 라합이 여호수아의 정탐꾼들을 만난 시점은 그녀의 나이 오십 세 때가 됩니다. 중년의 나이에도 라합은 자기 인생과 가족의 새로운 길을 위해 단호하게 결단했습니다. 라합은 그녀의 탁월한 선택으로 이스라엘의 일원이 되었습니다. 그리고 하나님의 백성으로서 새 삶을 시작했습니다. 중요한 것은 그녀가 탁월한 분별력과 선택 그리고 결단으로 당대의 혼란스러운 상황에서 이방 여리고의 한 기생이 아닌 당당한 하나님 나라의 백성으로 나아갔다는 것입니다.

우리는 라합의 이야기에서 다음과 같은 몇 가지 의미있는 교훈을 얻게 됩니다.

1. 라합은 하나님의 계획을 알아볼 줄 아는 분별의 여인이었습니다. 라합은 타고난 분별과 지혜가 있는 여인이 있습니다. 그녀는 당대의 세계에 대한 상황 파악이 빠르고 정확했습니다. 직업상 다량의 정보가 그녀의 수중으로 떨어진다는 것이야 당연한 것이었겠지만, 그렇다 해도 그 많은 정보를 선별하고 취합하여 자기에게 어울리고 이득이 될 만한 것으로 추려내는 일은 쉽지 않습니다. 당장에 돈벌이가 되는 일을 선별하

고 구별하는 일은 어렵지 않았을지 모릅니다. 그런데 라합 자신과 가족의 미래를 내다보고 가장 올바른 인생길을 선택하는 것은 쉬운 일이 아닙니다. 그래서 바울은 이렇게 이야기했습니다. "너희는 이 세대를 본받지 말고 오직 마음을 새롭게 함으로 변화를 받아 하나님의 선하시고 기뻐하시고 온전하신 뜻이 무엇인지 분별하도록 하라."롬 12:2 그렇습니다. 세상 이득을 위해 지식을 쥐어짜내고 그것으로부터 이익에 어울리는 길을 선택하는 것은 쉬운 길입니다. 그렇지만 주어진 삶의 다양한 정보들로부터 하나님의 선하시고 기뻐하시며 온전하신 뜻을 분별하는 것은 쉬운 일이 아닙니다. 우리는 라합에게서 분별의 지혜를 배워야 합니다. 라합처럼 올바르게 분별하는 일이야말로 오늘을 지혜로운 신앙인으로 살아가는 참 길입니다.

2. 라합은 위험천만한 상황 가운데에도 옳은 길을 선택할 줄 아는 여인이었습니다. 그녀는 영특하고 현명한 여인에 틀림이 없습니다. 그러나 우리는 라합에게서 한 단계 더 깊은 면모를 볼 수 있습니다. 그것은 그녀의 '선택의 용기'입니다. 라합은 지금 그녀가 사는 여리고가 아닌 강 건너 하나님의 사람들에게 그녀와 가족들의 미래를 맡기기로 선택하고 결단합니다. 사람은 주어진 조건 안에서 안정적인 길을 선택하려 하지 다

가오는 알 수 없는 조건에 자기를 맡기거나 의지하려 하지 않습니다. 그녀의 선택은 대단한 것이었습니다. 이후에 여호수아는 가나안에 정착하여 살기 시작한 이스라엘 백성들에게 이렇게 이야기한 적이 있습니다. "너희 조상들이 강 저쪽에서 섬기던 신들이든지 또는 너희가 거주하는 땅에 있는 아모리 족속의 신들이든지 너희가 섬길 자를 오늘 택하라 오직 나와 내 집은 여호와를 섬기겠노라." 수 24:15 여호수아는 자신에게 주어진 선택의 시간에 하나님을 선택했습니다. 여호수아의 선택과 많이 닮은 것이 바로 라합의 선택입니다. 그녀는 여리고의 신들과 여리고의 부, 명예, 그리고 힘을 선택한 것이 아니라 이스라엘의 하나님과 그 나라, 그 민족, 그 삶의 방식을 선택했습니다. 그리고 그 선택은 전적으로 옳은 것이었습니다. 우리 역시 마찬가지입니다. 신앙하는 삶은 늘 선택의 연속입니다. 우리는 라합에게서 선택의 용기와 그 실천을 배워야 할 것입니다.

3. 라합은 식솔들에 대한 무한책임으로 그들을 하나님께 인도했던 훌륭한 지도자였습니다. 저는 라합의 이 모습이 정말 훌륭하다고 생각합니다. 우리는 라합이 현명하고 과단성 있는 선택과 결단을 한 여인이라고 치켜세웁니다. 그런데 그녀가 이런 선택을 한 이유는 따로 있었습니다. 바로 그녀에게는

식솔들이 있었기 때문입니다. 그녀는 자기에게 주어진 생명을 함부로 여기지 않았습니다. 자기 영혼만 하나님께 위탁한 것이 아니라 그에게 위탁된 영혼들까지 자기 생명의 일부라 여기고 그들을 위해서도 최선을 다했습니다. 라합의 선택과 결행은 갈데아 우르의 본토 친척 아비집을 떠나 하나님께서 보이실 땅으로 가족을 이끌고 간 아브라함의 인생 행보와 비슷한 것입니다. 그녀의 선택은 진정한 가장으로서의 책임감 있는 면모 그 자체였습니다. 우리는 흔히 라합이 여인이라는 이유로 그녀의 선택과 그 선택에 따른 실천만을 강조합니다. 그런데 라합은 그 모든 선택과 결행을 혼자 초연하게 이룬 것이 아닙니다. 그녀의 선택은 믿음의 큰 사람들의 선택과 진배없는 위대한 것이었습니다. 우리가 오늘 신앙 안에서 이루는 선택은 어떤 모습입니까? 우리의 선택에는 우리에게 맡겨진 영혼들을 품는 마음이 함께 하고 있습니까? 깊이 생각해 볼 대목입니다.

마음을 다한 여인
나오미

나오미가 그들에게 이르되 나를 나오미라 부르지 말고
나를 마라라 부르라 이는 전능자가 나를 심히 괴롭게 하셨음이니라
룻기 1장 20절

인간적인 너무나 인간적인

얼마 전 『오드리 엣 홈』*Audrey At Home*이라는 책이 나왔습니다. 20세기를 풍미했던 배우 가운데 최고를 꼽으라면 두말하지 않고 오드리 헵번*Audrey Hepburn*을 엄지손가락에 위치시킬 것입니다. '티파니에서 아침을'이나 '로마의 휴일' 같은 작품에 등장하는 그녀의 모습은 마치 이슬만 먹고살 것 같은 모습입니다. 제게 있어 오드리 헵번은 어디 왕궁의 공주님에게서나 볼 법한 모습의 배우입니다. 그런데 그녀의 아들 루카 도티*Luca Dotti*가 회고하여 출판한 『오드리 엣 홈』은 우리 머릿속에서 그녀의 인간이 아닌 것 같

토마스 매튜스 루크, 나오미, 1876

은 환상을 일순 제거해 버립니다. 이 책에서 그녀는 그저 한 인간이었고 온갖 실수로 점철된 사람이었으며 그렇게 한 여자로, 어머니로 그리고 아내로 살았습니다. 그녀는 행사 관계자가 기획한 순서를 어그러뜨려 그들을 당황하도록 만들기 일쑤였고 헝클어진 채 소파에 앉아 티브이를 보며 '포모도로 스파게티'Spaghetti al Pomodoro, 얼린 토마토 페이스트로 만든 아주 단순한 스파게티 먹기를 즐겼습니다. 그녀는 한 시대를 풍미한 멋진 배우였으나 동시에 너무나 인간적인 우리와 같은 사람이었습니다.

그런데 오드리 헵번의 인간적이되 너무나 인간적인 모습은 아프리카를 비롯한 세상 곳곳 가난하고 굶주린 아이들의 고통의 현장에서 온전히 드러났습니다. 그녀는 1948년부터 1989년까지 30여 편에 가까운 굵직한 영화에 출연했고 15개가 넘는 유명한 영화제에서 수상했습니다. 그렇게 전 세계가 자신을 신처럼 떠받들도록 하는 한편으로 오드리 헵번은 1952년부터 1992년 사이 그녀가 더는 활동을 할 수 없게 될 때까지 유니세프의 대사로서 가난하고 어려운 아이들을 위해 수고하고 헌신하기를 아끼지 않았습니다. 특히 1988년부터 1992년까지는 아프리카와 남아메리카 그리고 아시아의 현장에서 매우 헌신적인 봉사활동으로 인생의 마지막을 보냈습니다. 그녀는 말로 봉사하지 않았습니다. 지극히 인간적인 모습으로 그녀의 두 팔과 두 다리를 사용하여 세상 곳곳 그녀의 도움이 필요한 어린이들에게 다가갔습니다. 언젠가 그녀는 자녀들에게 이런 말을 남겼다고 합니다. "누군가에게 도움의 손길을 보내려 한다면 너의 팔 끝에 있는 손을 이용해야 한다." 그녀의 지극히 인간적인 마지막 말입니다.

우리는 하나님의 아들로서 예수님께서 이 세상에 오시는 길은 거룩하고 완벽하여 흠 없는 계보이어야 한다는 생각을 쉽게 가집니다. 실제로 예수님의 성상聖像을 금빛으로 칠한 동방교회의 그림들처럼 예수님 주변을 흠 없고 책망할 것 없는 모습으로 그려내려 애씁니다. 우리는 예수님 자신과 그 계보 상의 인물들, 특별히 그 어머니들을 멋지게 채색한 그림으로 그려 두고서 안전하게 보호하려 합니다. 그런데 사실 예수님 계보에 등장하는 여인들은 생각보다 훌륭한 여인들이 아닙니다. 하나같이 연약하고 빈틈이 있으며 문제가 드러나는 사람들이었습니다.

여기 그 주인공 나오미Naomi 역시 마찬가지였습니다. 그녀의 인생은 예수님의 거룩한 계보에서 한 자리를 차지할 만큼 멋진 모습이 아닙니다. 그녀는 지극히 평범하여 실수와 문제로 점철된 인생을 살았던 베들레헴의 한 여인이었습니다. 나오미는 사실 마태복음의 예수님의 계보에 그 이름이 올라가 있지 않습니다. 그렇지만 그녀는 분명 예수님의 거룩한 계보에 이름을 올릴만한 가치를 충실하게 지킨 여인입니다. 그녀가 훌륭하고 멋져서 하는 말이 아닙니다. 그녀는 부족하고 연약하여 실수와 문제로 가득한 인생이었습니다만 결국에 아브라함과 다윗의 계보를 이어 예수님께서 이 세상에 오실 수 있도록 길을 연 여인이 되었습니다. 그녀의 인생에는 스스로도 설명하기 어려운 극적인 전환이 있었기 때문입니다. 그 극적 전환 가운데 나오미는 영웅적이기보다는 지극히 인간적이었습니다. 실수했지만 회복할 줄 아는 인간, 실패했으나 만회하여 회복할 줄 아는 인간, 그녀가 바로 나오미입니다. 우리는 이제 나오미의 지극히 인간적인 드라마틱한 전환을 함께 살펴보려 합니다.

엘리멜렉과 나오미 그리고 보아스와 룻의 이야기

여호수아의 정복 전쟁 이후 하나님께서 약속하신 가나안 땅은 열두지파에게 골고루 분배되었습니다. 그리고 전혀 새로운 세대가 일어났습니다. 그런데 이 새로운 가나안 정착 2세대는 그들에게 주어진 땅의 의미를 망각하기 시작했습니다. 결국, 그들은 조상들이 어렵게 얻은 땅을 이방 민족들에게 빼앗기기도 하고, 빚 청산을 위해 누군가에게 땅을 넘기기도 했습니다. 또 누군가는 척박하고 전쟁이 잦다는 이유로 주어진 땅을 버

나오미에게 이르되 아니니이다
우리는 어머니와 함께 어머니의 백성에게로
돌아가겠나이다 하는지라

룻기 1장 10절

리고 새로운 정착지로 떠나기도 했습니다. 소위 '사사 시절'이라 불리던 이때 사람들은 "각자 자기 소견대로" 살았습니다.삿 17:6 그때 베들레헴에 유다지파의 한 가문의 사람 엘리멜렉이 살았습니다. 그에게는 아내 나오미와 두 아들 말론과 기룐이 있었습니다. 엘리멜렉 역시 집안 내내 기업으로 내려받은 땅을 소홀히 여겼습니다. 그는 어느 해 그 땅에 흉년이 들자 곧 기업으로 받은 땅을 버리고 다른 곳으로 떠났습니다.룻 1:1 그가 떠난 곳은 모압이었습니다. 사실 모압은 이스라엘 백성들이 가나안으로 올 때 그들을 괴롭히던 사람들이었습니다.신 2:8~9 그런데 엘리멜렉은 그 모든 것을 알고서도 모압으로의 이주를 선택했습니다.

그런데 나름 기대를 하고 이주했던 땅 모압에서 엘리멜렉은 아무런 소득도 없이 허무하게 죽고 말았습니다. 이제 아내인 나오미와 두 아들 말론과 기룐이 거기 모압 땅에 남게 되었습니다. 나오미는 마음이 어려웠을 것입니다. 그때 두 아들이 각각 오르바와 룻이라는 모압 여인들에게 장가들게 됩니다.룻 1:3~4 나오미는 아들들의 결정을 따를 수밖에 없었습니다. 그런데 이게 무슨 일입니까? 말론과 기룐 역시 아무런 후사도 없이 죽고 말았습니다. 의지하던 아들이 하나도 아니고 둘씩이나 모두 죽고 만 것입니다. 남편을 잃으면 아들을 의지하기 마련인데 나오미로서는 하늘이 무너질 일이었습니다. 아들들마저 죽고 나자 가세마저 급속히 기울었습니다. 집안의 대를 이을 후사는 고사하고 당장에 두 며느리와 먹고 살 일이 걱정입니다. 그때 나오미에게 소식이 들려옵니다. 고향 땅 베들레헴에 기근이 끝나 살만하게 되었다는 것입니다.룻 1:6 나오미는 염치 불구하고 고향으로 돌아가야 한다는 생각이 들었습니다. 그래서 두 며느리와 더불어 고향 베들레헴을 향해 길을 나섰습니다.

그런데 길을 가며 가만 생각해 보니 멀쩡한 청상과부인 두 며느리까지 자기 고향으로 데려갈 일이 아니었습니다. 자기에게 아들들이 더 있어서 집안의 대를 잇는 의무를 지켜야 할 것도 아니니 이제 두 이방 며느리들이 새 삶을 살도록 하는 것이 옳다고 여겼습니다. 그때 나오미는 이렇게 말합니다. "여호와의 손이 나를 치셨으므로 너희로 말미암아 더욱 마음이 아프도다"룻 1:13 말인즉, 하나님께서 이미 나를 징계하셨는데 너희들이 나와 함께 있으니 마음이 좋지 않다는 것입니다. 나오미는 선한 마음으로 그들을 집으로 돌려보내려 했습니다. 며느리들은 처음 시어머니의 선대善待를 거부했습니다. 그들은 "우리는 어머니와 함께 어머니의 백성에게로 돌아가겠나이다"라고 대답합니다.룻 1:10 얼마 후 오르바는 발길을 돌렸습니다. 그런데 룻은 그렇게 하지 않았습니다. 그녀는 끝까지 시어머니 곁에 남겠다는 의지를 보였습니다. 나오미로서는 한편으로 미안하기도 하고 한편으로 감사한 일이었습니다.

나오미와 룻은 어렵사리 베들레헴으로 돌아오게 됩니다. 그때 동네 사람들이 모두 나오미를 알아보았습니다. "이이가 나오미냐."룻 1:19 그러자 나오미가 대답합니다. "나를 나오미라 부르지 말고 나를 마라라 부르라 전능자가 나를 심히 괴롭게 하셨음이라."룻 1:20 그리고 그녀는 이렇게 말을 잇습니다. "내가 풍족하게 나갔더니 여호와께서 내게 비어 돌아오게 하셨느니라."룻 1:20-21 나오미의 이름은 '즐겁다'pleasant는 뜻입니다. 그런데 이제 그녀는 자신을 '마라'mara, 쓰다라고 부르고 있는 것입니다. 베들레헴을 떠날 때는 그래도 남편과 자식들 그리고 일말의 재산이라도 있었는데, 이제 늙고 병들고 아무것도 가진 것 없이 이방 며느리를 의지하여 고향으로 돌아왔으니 그녀로서는 그 상황이 뼈아픈 일이 아닐 수 없습니다. 하지만 그녀의 고통은 그것으로 끝날 일이 아니었습니다. 이제는 먹고 살길이 막막합니다.

다행히 그들이 돌아온 시점은 그 땅이 보리 추수를 하던 때였습니다.룻 1:22 며느리 룻은 가만히 있을 수 없었습니다. 그녀는 그 땅의 율법이 가난한 과부들에게 보장한 대로 '이삭줍기'

라도 해서 시어머니를 봉양하기로 합니다. 그렇게 들판에 나가 이삭줍기를 하던 룻은 곧 거기 베들레헴에서 큰 땅을 가진 보아스의 밭에 이릅니다. 그리고 거기서도 역시 이삭줍기를 계속합니다. 보아스는 이미 룻에 대한 소식을 들어 알고 있었습니다. 그는 특별히 룻이 시어머니 나오미를 위해 하는 일들을 의미 있게 여겼습니다.룻 2:11 보아스는 룻이 자기 밭에서 이삭줍기를 많이 할 수 있도록 은밀히 도왔습니다. 그래서 룻은 많은 양의 이삭을 집으로 가져가 시어머니를 봉양할 수 있었습니다. 이런 상황은 나오미의 귀에도 들어가게 됩니다. 늙었지만 인생의 지혜를 알고 있던 나오미는 그 모든 상황이 자기와 며느리 룻에게 이로운 것임을 직감했습니다. 일단 그녀는 며느리 룻이 자기가 잘 아는 건실한 보아스에게 재가를 해 새 삶을 시작할 수 있으리라 확신했습니다. 더불어 보아스가 자기 집안의 기업을 무르면 그녀의 집안도 명맥을 유지할 수 있으리라 기대합니다. 그녀는 룻에게 이렇게 말합니다. "내 딸아 내가 너를 위하여 안식할 곳을 구하여 너를 복되게 하여야 하지 않겠느냐."룻 3:1

과연 나오미의 계획은 그대로 실현되었습니다. 신실한 사람 보아스는 룻을 함부로 하지 않으면서, 그리고 율법의 도리에 어긋나게도 하지 않으면서 나오미의 집안 땅과 그 대代를 이을 역할을 제대로 넘겨받았습니다. 더불어 그는 룻을 그의 아내로 맞아들이게 됩니다.룻 4:1~13 나오미는 이렇게 해서 보아스를 의지할 아들처럼 여길 수 있게 되었습니다. 드디어 남편 엘리멜렉의 집안 기업이 대를 이을 수 있게 된 것입니다. 나아가 보아스는 엘리멜렉과 나오미의 기업을 잇는 동시에 룻을 아내로 얻어 그 자신의 집안 기업도 잇게 되었습니다. 그 결과 보아스와 나오미와 룻은 모두에게 축복이라 할 만한 결실 오벳을 얻게 됩니다.룻 4:12~15 나오미의 입장에서 이 모든 일에는 억지스러운 부분이 하나도 없었습니다. 나오미로서는 인생일대의 전환을 경험하는 순간입니다. 나오미는 그제야 다시 자기 이름의 의미인 '기쁨'을 되찾은 것 같았습니다. 참으로 오래 돌아 돌아온 인생살이였습니다.

선한 의지 가운데 되찾은 기쁨
룻기 1장 18~22절과 4장 13~22절 다시 읽기

나오미는 룻기에서 주인공이 아닌 조연입니다. 굳이 의미를 구할 필요는 없는 사람이지요. 그런데 나오미의 이야기에는 나름의 의미가 있습니다. 잘 살펴보면 '룻기'라는 제목은 '나오

나를 나오미라 부르지 말고 나를 마라라 부르라
이는 전능자가 나를 심히 괴롭게 하셨음이니라

룻기 1장 20절

미기'라고 바꿔야 하지 않을까 싶기도 합니다. 나오미 이야기의 의미는 무엇일까요? 룻기 1장 18~22절 그리고 4장 14~22절을 함께 읽어 보겠습니다.

인생 초반 나오미는 현명하지 못했습니다. 그녀와 남편 엘리멜렉은 고향인 베들레헴을 등졌습니다. 하나님의 백성들에게 땅은 중요한 문제였습니다. 이스라엘 백성들은 하나님께서 각자 가문과 집안에 분배해 주신 땅을 지키고 그 땅을 중심으로 삶을 꾸려야 했습니다. 그런데 그들은 때로 그 땅에서 살기가 힘들어지자 그 땅을 쉽게 포기했습니다. 단 지파가 대표적입니다. 그들은 원래 소렉 골짜기 일대에 땅을 받았습니다.삿 18장 그런데 호전적인 아모리 사람들이 늘 그들을 괴롭혔습니다. 상황이 힘들어지자 그들은 곧 그 땅을 포기하고 갈릴리 호수 위쪽 라이스Laish라는 곳으로 이주해버렸습니다.삿 18:7 비슷한 일이 엘리멜렉과 나오미에게도 있었습니다. 룻기는 "사사들이 치리하던 때에 그 땅에 흉년이 들었다"라고 말하며 시작됩니다.룻 1:1 이렇게 되자 엘리멜렉과 나오미는 곧 그 땅을 가볍게 여기고 모압으로 가버렸습니다. 가난해져서 떠난 것이 아니었습니다. 훗날 나오미는 이때를 "내가 풍족하게 나갔다"고 회상했습니다.룻 1:21 엘리멜렉과 나오미는 작은 어려움이 닥쳐오자 쉽게 땅의 사명을 포기한 것입니다.

결과적으로 모압에서의 삶은 엘리멜렉의 가족 모두에게 특히 나오미에게 비극이 되었습니다. 모압은 아브라함의 조카 롯이 자신의 딸과 관계해서 낳은 아들을 조상으로 둔 족속입니다.창 19:37 그들은 하나님을 버리고 그모스Chemosh 신을 숭배했으며,민 21:29 무엇보다 출애굽한 이스라엘 백성들이 가나안으로 올라가는 길을 막아섰습니다.민 22~24장, 신 2:8~9, 삿11:17 그런 일들이 있었음에도 엘리멜렉은 그들 틈바구니에 들어가 살기로 한 것입니다. 그런데 얼마 지나지 않아 남편 엘리멜렉이 죽고 말았습니다. 그러자 두 아들 말론과 기룐은 기다렸다는 듯 그 땅의 여인들과 결혼해버렸습니다.룻 1:4 그런데 말론과 기룐은 모압 땅에서 아무런 후사도 없이 죽고 말았습니다. 남편과 아들들을 잃은 나오미는 온전히 고립되고 말았습니다. 며느리 둘이 있다지만 연결고리가 될 만한 손주들이 없으니 남이나 다름이 없습니다. 나오미는 기쁨과 희락의 여인이 아닌 절망하며 슬픈 노인이 되었습니다. 그래서 그녀는 나중에 베들레헴에 다시 돌아와 동네 사람들에게 이렇게 말합니다. "나를 나오미라 부르지 말고 나를 마라라 부르라 이는 전능자가 나를 심히 괴롭게 하셨음이니라."룻 1:20 고향을 떠나 모압에서 잘 살 수 있으리라 기대했는데 나오미의 인생은 완전히 어그러졌습니다.

보통 사람 같으면 이럴 때 괜스레 며느리 타박이나 일삼고 못된 자세로 어그러졌을 터입니다. 그런데 나오미는 그렇게 하지 않았습니다. 그녀는 며느리들에게 선한 마음을 품었습니다. 일단 그녀는 슬픔과 절망의 삶을 청산하고 고향으로 돌아가기로 합니다.룻 1:6 그리고 며느리 오르바와 룻에게 '새 삶을 살 것'을 권유합니다.룻 1:8-9 홀로된 시어머니의 입장에서 본인의 안정된 삶을 위해 며느리들의 봉양을 원했을 것입니다. 그런데 나오미는 진심으로 자신의 형벌 같은 인생에 며느리들을 끌어들이는 것은 옳지 않은 것으로 생각했습니다.룻 1:13 그렇게 오르바는 집으로 돌아갔습니다. 그런데 룻은 끝내 시어머니와 동행을 고집했습니다. 나오미도 그것까지는 말릴 수 없었습니다. 고집스럽게 함께 살 것을 주장하는 며느리 앞에서 설득을 멈출 수밖에 없었습니다.룻 1:18 그리고 룻과 더불어 베들레헴 귀향길을 나섰습니다. 자기의 이름과 어울리지 않는 비극과 슬픔에 직면하게 되었을 때, 나오미는 상황에 삶을 편승시키지 않았습니다. 그녀는 주어진 상황에서 선한 의지를 버리지 않았고 선대 하는 삶의 방식을 지켰습니다. 중요한 것은 어려울 때 선한 마음을 내려놓지 않는 것입니다.

나오미의 선한 마음과 룻의 신실한 동행은 결국 그녀의 삶의 극적 전환의 마중물이 되었습니다. 베들레헴에 정착한 고

부姑夫는 당장 사람들 관심의 중심이 되었습니다. 가십난의 헤드라인이 된 것입니다. 그렇지만 고향 베들레헴의 사람들은 생계를 잃은 그녀와 그녀의 며느리 룻이 먹고 살길을 열어주었습니다. 그중에 베들레헴의 지도자이며 나오미의 친족 가운데 한 사람 보아스가 가장 적극적이었습니다. 그때가 마침 곡식을 거두어들일 때였는데, 그는 당장 시어머니 봉양을 위해 자기 밀밭에 나와 있는 룻이 더 많은 이삭을 주워갈 수 있도록 배려했습니다.룻 2:8~17 당연히 룻은 그날 있었던 이야기를 시어머니에게 들려주었습니다. 인생의 지혜를 품고 있었던 늙은 나오미는 당장 보아스가 며느리 룻에게 관심이 있다는 사실을 알게 되었습니다. 그녀는 "내 딸아 내가 너를 위하여 안식할 곳을 구하여 너를 복되게 하여야 하지 않겠느냐"고 말하며,룻 3:1 룻이 온전히 새로운 삶으로 나아갈 수 있도록 돕기로 합니다. 때마침 자기 집안의 땅과 기업을 무를 사람이 필요했는데, 나오미는 보아스가 자기 며느리와 함께 집안의 후사를 잇는 것까지 포함한 모든 것을 맡아주면 좋겠다고 생각하게 되었습니다.룻 2:20

실제로 룻은 현명하여 바른 마음으로 보아스에게 다가갔고 보아스는 그런 그녀를 아끼고 배려하는 가운데 맞아들일 준비에 정성을 다합니다. 나오미는 이 와중에 룻에게 이렇게 말합니다. "그 사람이 오늘 이 일을 성취하기 전에는 쉬지 아니하리라."룻 3:18 그녀는 주어진 상황에 능동적으로 대처했습니다. 그리고 모든 일은 늙고 지혜로운 나오미의 생각대로 진행되었습니다. 신실하고 착한 보아스는 나오미의 처지를 잘 알고 있었기에 먼저 나오미의 집안 기업을 그가 잇기로 하고서, 그 뜻으로 이방 여인 룻을 아내로 맞아들입니다. 베들레헴 사람들도 나오미와 룻과 그리고 보아스 사이에 벌어진 이 모든 일을 축복해 주었습니다. 이 모든 은혜로운 일들의 출발에는 나오미의 선한 마음과 행동이 있었습니다. 나오미는 이 모든 일의 결국에 그에게도 아들이 되는 오벳을 얻습니다. 그때 베들레헴의 여인들은 이구동성으로 나오미에게 이렇게 말합니다. "찬송할지로다 여호와께서 오늘 네게 기업 무를 자가 없게 하지 아니하셨도다 이 아이의 이름이 이스라엘 중에 유명하게 되기를 원하노라 이는 네 생명의 회복자이며 네 노년의 봉양자라 곧 너를 사랑하며 일곱 아들보다 귀한 네 며느리가 낳은 자로다."룻 4:14-15 이렇게 해서 나오미는 다시 그 이름의 값 '기쁨'의 의미를 되찾게 됩니다. 어려움 가운데도 품었던 선한 마음이 결국에 기쁨으로 돌아온 것입니다.

선한 마음에서 인생의 새길을 엿보다

사람을 사랑하는 마음으로 베푸는 선한 대접은 인생의 새로운 길을 열어줄 때가 많습니다. 미국의 작가 마크 트웨인Mark Twain에 따르면 선대한다는 것은 "귀머거리가 듣게 되고 장님이 보게 되는 일"입니다. 잠언 역시 말하기를 "인자와 진리가 네게서 떠나지 말게 하고 그것을 네 목에 매며 네 마음판에 새기라 그리하면 네가 하나님과 사람 앞에서 은총과 귀중히 여김을 받으리라"고 말합니다.잠 3:3~4 그러니 인생이 제아무리 열악한 상황에 있다 해도 우리가 누군가를 선대 하는 일을 내려놓지 않는 한 극적인 전환이 일어난 것은 시간의 문제일 것입니다.

나오미의 이야기의 교훈을 정리해 보면 다음과 같습니다.

1. 나오미는 하나님과 사람들에게 선한 마음을 품었습니다. 살다 보면 가끔은 모든 책임과 사명으로부터 자유롭고 싶을 때가 있게 마련입니다. 야곱이 그랬습니다. 그는 형에게서 장자의 명분을 얻어 낸 후 그것을 지키지 못하고 그 사명의 자리를 떠나고 말았습니다.창 28:10~19 그가 벧엘에서 본 하늘로 향

하는 사다리는 하나님의 약속이며 '사명을 지키라는 당부였을 것'입니다. 그러나 그는 그 도망치는 길에서 내려서지 않았습니다. 그리고 오랫동안 할아버지와 아버지의 사명의 땅을 떠나 객으로 살았습니다. 엘리멜렉과 특히 나오미의 인생 시작점이 그랬습니다. 그들은 사명과 책임의 땅을 떠났습니다. 그들은 거기서 사명과 책임을 잃어버린 채 정처 없는 나그네의 삶을 살았습니다. 중요한 것은 피하고 싶을 때 떠나고 싶을 때 그래서 실제로 사명과 책임의 자리로부터 멀어지게 되었을 때 마음을 다잡는 것입니다. 하나님을 향하여 그리고 사람들과 이웃, 형제를 향하여 선한 마음을 품는 일은 피하여 멀어진 인생길에서 중요한 회복의 가능성, 복귀를 위한 열쇠입니다. 나오미의 결국이 그랬습니다. 그녀는 사명과 책임을 피하여 살았지만, 그 회피의 땅 모압에서 선한 마음을 회복했습니다. 그녀는 하나님을 향하여 그리고 함께하는 사람들을 향하여 선한 마음을 품었습니다. 그렇게 그녀의 인생길은 완전히 내려서는 벼랑길에서 지탱 가능한 여지를 얻게 됩니다.

2. 나오미는 선대하는 삶을 살았습니다. 새벽 여명이 늘 동쪽에서부터 터오듯 좋은 소식은 선한 마음을 나누며 함께하는 사람들에게서 들려오게 마련입니다. 옛날 아브라함이 그랬

습니다. 그는 길 가던 세 명의 나그네를 자기 장막 안으로 초대하여 극진하게 대접했습니다. 그 역시 나그네로 인생을 살았던 터라 선한 마음으로 지나가는 나그네를 환대하고 대접하는 일은 무엇보다 중요한 일이었습니다. 그러자 낯선 그 나그네들은 아브라함이 평생을 고대하던 소식을 들려주었습니다. 그들은 "내년 이맘때 내가 반드시 네게로 돌아오리니 네 아내 사라에게 아들이 있으리라"고 말했습니다.^{창 18:10} 선대하는 마음을 품은 아브라함에게 귀한 소식이 전해진 것입니다. 이런 일은 나오미에게도 있었습니다. 그녀는 며느리들을 선대했습니다. 그녀가 선대하자 결국 그중 하나 룻은 평생 그녀를 봉양합니다. 사실 그녀는 룻에게 "네가 새로운 안식처를 구했으면 한다"고 말했습니다. 젊은 며느리 룻이 평생 시어머니 봉양만 하다가 끝나게 되기를 바라지 않았던 것입니다. 그런데 놀랍게도 나오미가 끝내 선대한 며느리 룻에게서 기쁜 소식이 전해졌습니다. 며느리 룻의 인생을 책임져줄 만한 사람 나아가 자기와 엘리멜렉의 가문의 미래 역시 감당해줄 만한 사람이 나타난 것입니다. 그 소식은 당연히 룻에게서 전해졌습니다. 나오미는 기뻤습니다. 그 모든 일을 하나님께서 이루신 것에 감사했습니다.

3. 나오미는 기쁨을 회복하였습니다. 선한 마음이 슬픔의 인생을 기쁨의 인생으로 되돌려 놓게 합니다. 우리가 이미 다룬 것처럼 나오미의 이름은 '기쁨'이라는 뜻입니다. 그러나 그녀의 인생에서 어느 순간 그 기쁨이라는 것이 사라졌습니다. 그리고 슬픔과 절망만 가득하게 되었습니다. 그런데 나오미는 그 모든 절망과 슬픔의 시간 내내 자기 연민과 자기 논리에만 젖어 들어가지 않았습니다. 그녀는 그 모든 상황에서도 며느리들을 향한 덕스러움과 선대하는 마음을 잃지 않았습니다. 그러자 그녀의 인생에 빛이 들기 시작했습니다. 그 빛을 들고 온 것은 바로 룻을 통해서 입니다. 그렇게 해서 의지할 식구도 없이 대를 이을 후사도 없이 그렇게 희망 없이 살던 나오미에게 내일에 대한 가능성이 열리게 되었습니다. 실패한 인생, '마라'의 나오미가 정말 그 이름에 맞는 기쁨의 여인이 된 것입니다. 그녀의 마지막은 기쁨의 옷으로 새롭게 입혀졌고 그녀가 데려온 룻은 보아스와 더불어 다윗 왕조의 길을 열게 됩니다. 더 나아가 그녀는 예수 그리스도의 구원의 길을 여는 여인이 됩니다. 결국 나오미의 기쁨은 그녀만의 기쁨이 아닙니다. 그것은 베들레헴과 유다와 이스라엘 모두의, 나아가 역사를 초월한 세상 모두의 기쁨입니다.

친절의 연결고리가 된 여인
룻

보아스가 그에게 대답하여 이르되 네 남편이 죽은 후로
네가 시어머니에게 행한 모든 것과 네 부모와 고국을 떠나
전에 알지 못하던 백성에게로 온 일이 내게 분명히 알려졌느니라
여호와께서 네가 행한 일에 보답하시기를 원하며
이스라엘의 하나님 여호와께서 그의 날개 아래에 보호를 받으러 온 네게
온전한 상 주시기를 원하노라 하는지라
롯기 2장 11~12절

친절한 고대인들

낯선 이들에 대한 환대를 보는 일이 쉽지 않은 오늘입니다. 오늘날 우리 삶의 체제는 낯선 이들을 안전하게 물리칠 수 있도록 잘 갖추어져 있습니다. 사무실에, 혹은 집에 앉아 있는데 누군가 알지 못하는 사람이 초인종을 울리면 우리는 당장 모니터로 상대를 점검합니다. 그리고 알지 못하는 사람이면 환영하지 않을 것을 분명히 하며 돌아갈 것을 요구합니다. 아니면 조용히 침묵하고 무시하기도 합니다. 그러나 우리 인간 세상이 처음부터 이렇지는 않았습니다. 우리 인간 선배들의 세

데이비드 윌키 와인필드, 룻과 보아스, 1876

상은 훨씬 인간적이어서 환대와 대접이 일상의 다반사였습니다.

홍콩의 기독교 사역자 주디 챈Judy Chan은 국가로부터 추방되거나 빈민으로 전락하여 어려운 삶을 살아가는 이들에게 안전한 처소와 삶의 기반을 마련해주는 일을 해왔습니다. 그녀는 오랫동안 이런 일을 해오면서 근동의 고대인들은 서로에 대해 환대와 친절의 마음을 잃지 않았음을 알게 되었습니다. 주디 챈은 그녀의 책 『낯선 이는 없다』No Strangers Here에서 고대인들이 어떻게 낯선 나그네들에게 환대와 친절의 마음을 보이고 그것을 실천했는지에 대해 자세하게 기술합니다. 고대 사람들 특히 근동近東의 사람들은 낯선 나그네들을 함부로 대하지 않았습니다. 자기들의 도시나 성 혹은 마을에 낯선 사람들이 오면 그들에게 적의敵意와 침략의 의사가 없음을 확인한 후 그들을 자기들의 거주지로 영접했습니다. 그리고 나그네들에게 즉석에서 음료와 음식 그리고 쉴만한 곳을 제공했습니다. 그뿐이 아니었습니다. 크게 문제가 되지 않는 한 나그네들에게는 편안한 잠자리에서 하루 혹은 원하는 만큼 묵을 기회도 주었습니다. 고대 사람들은 낯선 나그네에게 친절을 베푸는 일이 섬기는 최고의 신을 잘 모시는 것과 같은 의미였습니다. 흥미롭게도 나그네들은 그들에게 친절을 베푼 사람들에게 그들 나름의 보답을 했습니다. 나그네들은 그들이 온 곳과 그들이 여행했던 곳들에 대한 다양한 정보들을 재미있는 이야기를 곁들여 그들을 환영한 거주민들에게 들려주었습니다. 그리고 언젠가 그들이 입은 친절에 보답하겠다는 인사도 잊지 않았습니다.

고대인들의 친절함은 창세기 18장 아브라함의 이야기에 잘 나와 있습니다. 이 이야기에서 아브라함은 뜨거운 한낮에 자기 장막 아래 앉아 있었습니다. 그런데 그 장막 곁으로 세 명의 나그네가 길을 가고 있었습니다. 아브라함은 당장 그들을 자기 장막에 초대하고서 그들에게 먼저 물과 음료 그리고 음식과 더불어 편안한 쉼을 제공했습니다. 그러자 그 나그네들은 한 해가 지나고 아브라함과 아내 사라에게 아들이 있게 될 것이라는 복된 소식을 전합니다.창 18:10 주디 챈이 그녀의 책에서 다룬 그대로의 모습입니다. 환대와 친절 그리고 보답은 성경이 중요하게 다루는 테마입니다.

아브라함을 비롯한 고대인들의 환대와 친절에 관한 이야기는 성경의 다른 곳에도 등장합니다. 바로 룻과 나오미 그리고 보아스의 이야기입니다. 나오미와 보아스는 아시다시피 이스라엘 백성입니다. 그들은 모두 유다 지파에 속해 있었고 베들레헴에 살았습니다. 훗날 나오미는 남편 엘리멜렉과 함께 살기 힘들어진 베들레헴을 떠나 이방 땅 모압으로 갔습니다. 나오미는 거기서 룻을 며느리로 맞아들입니다. 룻은 이후 남편을 잃고 역시 남편을 잃은 시어머니 나오미와 함께 시어머니의 고향으로 돌아옵니다. 그리고 거기서 보아스를 만나 재혼을 합니다. 멜로 드라마 같은 이 이야기는 사실 환대와 친절, 선대와 보답의 이야기입니다. 그리고 거기서 이방 모압 여인 룻은 누구보다 환대와 보답의 고풍스러운 친절함을 여과 없이 드러냅니다. 결국에 룻은 이 이야기에서 예기치 않은 하나님의 복된 선물을 누리게 됩니다. 그렇습니다. 룻은 성경의 누구보다 친절과 선대의 삶에 대한 복된 보답을 누린 여인이었습니다.

환영받기 어려운 모압 여인

나오미의 편에서 우리는 이미 이 이야기에 대한 대략을 나누었습니다. 살짝 시각을 바꾸어 이스라엘 백성 나오미와 보아스의 이야기가 아닌 이방 여인 룻의 버전으로 이야기를 들어보고자 합니다. 하나의 사건도 보는 시각에 따라 이야기가 살짝 달라질 수 있습니다. 룻의 편에서도 우리가 들을만한 이

어머니께서 죽으시는 곳에서 나도 죽어 거기 묻힐 것이라
만일 내가 죽는 일 외에 어머니를 떠나면
여호와께서 내게 벌을 내리시고 더 내리시기를
원하나이다 하는지라

룻기 1장 17절

야기가 있을 것입니다.

룻은 엘리멜렉이 죽고 나서 나오미가 홀로 아들들과 힘들게 집을 지키던 시절 그 집의 며느리가 되었습니다. 나오미의 집안은 하나님의 뜻을 거슬러 사명으로 주어진 가나안의 땅과 기업을 버려두고 오직 잘 살기 위한 목적으로 모압에 왔었습니다. 그런데 가장인 엘리멜렉이 갑자기 죽고 나자 집안은 더욱 이방 문화에 젖어 들어갔습니다. 나오미의 아들들이 그것을 주도했습니다. 그들이 모압 여자들을 데려와 살았다는 것이 그렇습니다. 남편 없는 나오미는 어쩔 수 없이 아들들이 벌인 그 상황을 받아들였습니다. 룻도 주어진 상황을 받아들이고서 나오미의 집안 여자로서 삶을 시작했습니다. 그런데 얼마 후 남편이 그 형제와 함께 죽고 말았습니다. 남편과 그 형제가 모두 죽고 나자 시어머니 나오미는 고향 집으로 돌아가 거기서 집안사람들 사이에서 혼자 된 여인의 외로운 마지막 세월을 보내기로 합니다. 그때 나오미는 며느리들에게 선한 마음을 품었습니다. 나오미는 며느리들이 각자 자기 집으로 돌아가 새 출발을 할 수 있도록 배려했습니다. 며느리들이 자기와 함께 있어 봐야 미래도 소망도 없는 삶이 될 것이 뻔했기 때문입니다.

며느리 가운데 오르바는 나오미의 설득으로 집으로 돌아갔습니다. 그런데 룻은 그렇게 하지 않았습니다. 그녀는 "내게 어머니를 떠나며 어머니를 따르지 말고 돌아가라 강권하지 마옵소서"라고 말하고 이어서 이렇게 말합니다. 성경 룻기서에 나오는 룻의 말은 한 번 읽어볼 만합니다. "어머니께서 가시는 곳에 나도 가고 어머니께서 머무시는 곳에서 나도 머물겠나이다 어머니의 백성이 나의 백성이 되고 어머니의 하나님이 나의 하나님이 되시리니 어머니께서 죽으시는 곳에서 나도 죽어 거기 묻힐 것이라 만일 내가 죽는 일 외에 어머니를 떠나면 여호와께서 내게 벌을 내리시고 더 내리시기를 원하나이다."룻 1:16~17 이후 룻은 나오미의 고향 베들레헴으로 돌아가는 길 내내 시어머니와 동행했고 진실한 마음으로 그녀를 섬겼습니다. 적어도 성경의 이야기에 비추어 보면 모압 며느리와 이스라엘인 시어머니의 이 기묘한 동행은 여러 사람들 사이에 회자되었을 것입니다. 그들은 모압 땅에서 아르논 골짜기를 타고 내려와 배를 타고 사해를 건너 엔게디를 거쳐 유다 산지로 올라갔습니다. 그 길 내내 사람들은 이 어울리지 않는 두 사람의 동행을 눈여겨보았을 것입니다. 특히 사람들은 모압 며느리 룻의 행동에 어떤 불순한 의도가 있는지 살폈을 것입니다.

그러나 룻은 여행 내내 어떤 불순한 생각을 갖지 않았습니다. 룻은 나오미가 자신에게 보여준 선하고 친절한 마음을 받아 그대로 돌려주었습니다. 그녀는 베들레헴으로 가는 길 내내 나오미를 돌보았고 그녀를 위해 먹을 것 그리고 쉴 자리를 마련했습니다. 그렇게 지친 시어머니와 며느리가 베들레헴에 도착했습니다. 그때 그곳은 보리 추수가 시작되었습니다.룻 1:22 여기저기 밭 주인들과 추수꾼들이 발 빠르게 움직였습니다. 베들레헴 곳곳에 추수한 곡식들이 쌓였습니다. 그 사이로 과부들과 고아들 그리고 여행자들도 자기들에게 돌아올 만한 먹거리를 위해 이리저리 움직였습니다. 하나님께서 정해주신 계명과 풍습을 따라 땅이 없고 생산력이 없는 그들도 밭과 거리에 떨어진 이삭을 주워 생계를 이어갈 수 있었던 것입니다.레 19:9~10 룻 역시 그 대열에 끼어들었습니다. 이제부터 두 사람의 생계와 관련된 것은 모두 그녀가 감당해야 했습니다. 생산 능력이 있는 아버지나 남편 혹은 아들도 없이 늙은 시어머니와 함께 사는 일은 쉬운 일이 아니었습니다. 다행히 추수기였고 동네 가난한 사람들은 선한 율법과 풍습을 따라 각자 먹을 것을 얻기 위해 분주했습니다. 룻 역시 시어머니 나오미에게 누군가의 땅에 가서 이삭줍기를 하리라고 허락을 얻어 밭으로 나갔습니다.룻 2:1-2

순전히 시어머니를 봉양하려는 마음으로 이삭을 줍기 위해 룻이 다다른 곳은 보아스라는 사람의 밭이었습니다. 그녀는 거기서 다른 가난한 사람들과 함께 이삭줍기를 시작했습니다. 그런데 그 이삭줍기라는 것이 룻에게 그렇게 쉬운 일은 아니었습니다. 그녀는 이방의 여인이었습니다. 그것도 모압에서 온 여인이었습니다. 이스라엘 사람들은 모압에게 아직 앙금 같은 것이 남아 있었습니다. 애굽을 떠나 나그네 되었을 때 모압 사람들이 그들을 선하게 대하지 않은 것을 기억하고 있었던 것입니다. 모르기는 몰라도 밭에서 룻은 사람들에게 홀대를 당했을 것입니다. 그렇게 어렵사리 이삭줍기를 하고 있을 때 보아스가 밭에 왔습니다. 그의 눈에 당장 룻이 보였을 것입니다. 집안사람들과 그리고 베들레헴 사람들 사이에서 소문은 들어 알고 있었는데 룻이라는 여인을 본 것은 처음이었습니다. 그러나 그는 룻에게로 직접 다가가지 않았습니다. 보아스는 정중하며 후덕한 사람이었습니다. 그는 먼저 자기 밭을 위해 일하는 사람들과 인사를 나눕니다.룻 2:4 그리고 나서 사람들에게 룻에 관해 묻습니다. 사람들은 여차저차해서 여기 밭까지 온 이방 여인인데 "아침부터 와서는 잠시 집에서 쉰 외에 지금까지 계속하는 이삭을 줍는 중"이라고 귀띔을 해줍니다.룻 2:7 보아스는 그제야 룻에게 가서 이삭줍기를 계속하도록 격려했습니다. 그는 이렇게 말합니다. "내가 소년들에게 명령하여 너를 건드리지 말라 하였느니라."룻 2:9 보아스에게 이야기를 들은 룻은 당장에 엎드려 절하면서 "나는 이방 여인이거늘 당신이 어찌하여 내게 은혜를 베푸시며 나를 돌보시나이까"라고 말하며 겸손히 자기를 낮추었습니다.룻 2:10 룻은 그 모든 일이 감사하기도 했으나 혹시 그것이 밭 주인 보아스에게 누가 되지 않을까 염려하는 마음도 들었습니다. 그 마음을 고스란히 보아스에게 알린 것입니다.

보아스는 그렇게 말하는 룻이 마음에 쏙 들었습니다. 그렇지 않아도 들려오는 소문은 그녀의 고운 말과 행동에 대한 이야기뿐이었습니다. 그런데 실제로 보고 들으니 사려도 깊고 마음 씀씀이도 남다르다는 것을 알 수 있었습니다. 그는 룻에게 이렇게 말합니다. "네 남편이 죽은 후로 네가 시어머니에게 행한 모든 것과 네 부모와 고국을 떠나 전에 알지 못하던 백성에게로 온 일이 내게 분명히 알려졌느니라 여호와께서 네가 행한 일에 보답하시기를 원하며 이스라엘의 하나님 여호와께서 그의 날개 아래에 보호를 받으러 온 네게 온전한 상 주시기를 원하노라."룻 2:11-12 보아스는 그날 이후 룻에게 먹을 것과 마실 것, 그리고 쉴 곳도 제공하고 무엇보다 일부러라도 이삭을 더 떨어뜨려 룻이 좀 더 많이 가져갈 수 있도록 배려했습니다. 한편 룻은 보아스의 이야기에 큰 위로를 받았습니다.룻 2:13 그러나 그녀는 주어진 모든 은혜로운 일들 앞에서 더욱 겸손하게

내가 풍족하게 나갔더니 여호와께서 내게 비어 돌아오게
하셨느니라 여호와께서 나를 징벌하셨고
전능자가 나를 괴롭게 하셨거늘 너희가 어찌 나를
나오미라 부르느냐 하니라

롯기 1장 21절

자기를 낮추었습니다. 추수기가 끝날 때까지 보아스의 밭에서 이삭줍기를 계속하며 시어머니 나오미 섬기기를 성실하게 이어갔습니다.룻 2:23

이후 룻은 시어머니 나오미의 지혜로운 대처에 힘입어 보아스와 재혼하게 됩니다. 그리고 시어머니의 집안에나 보아스의 집안 모두에게 복이 되는 여인이 되었습니다. 나오미는 룻과 보아스가 결혼하면서 자기 집안의 기업을 보아스에게 무르게 되었습니다. 보아스는 보아스 대로 룻을 통해 귀한 계보를 얻게 됩니다. 그녀가 낳은 아들 오벳은 이새를 낳았고 이새는 우리가 잘 아는 위대한 왕 다윗을 낳았던 것입니다.룻 4:21~22 다윗에게서 결국에 세상의 구원자 예수님께서 탄생하신 것 역시 우리는 잘 알고 있습니다.

이처럼 룻을 중심으로 이루어진 나오미 그리고 보아스의 이야기는 온통 친절과 환대 그리고 선한 대접들로 가득한 훈훈한 드라마입니다. 나오미의 선대는 룻의 신실한 봉양으로 이어졌고, 룻의 시어머니에 대한 신실한 봉양은 보아스의 선한 보답으로 이어졌습니다. 그리고 결국에 나오미와 보아스 모두는 룻을 통해 기업을 잇고 계보를 이어 이스라엘 왕국이 새롭게 열리는 길을 얻게 되고, 종국에 메시아로 오시는 예수 그리스도의 길을 앞서 보게 되는 복을 누리게 됩니다. 이방 여인 룻은 결국에 이 모든 은혜로운 보답의 행진에서 빠질 수 없는 연결고리가 되었습니다.

친절과 선대 그리고 보답의 이야기
룻기 2장 11~12절 깊이 읽기

　룻과 그 주변의 이야기는 선하게 대하는 마음, 친절 그리고 환대와 그에 대한 착한 보상으로 가득합니다. 나오미에서 시작된 선한 마음은 룻의 선대로 이어지고, 그리고 보아스의 친절한 마음과 보답으로 연결됩니다. 하나님께서는 이 모든 선한 연대의 중심에 룻을 세워 두셨습니다. 그러나 룻기에 등장하는 세 사람의 친절과 환대가 마냥 자연스러운 것은 아니었습니다. 사실 그들은 출신 민족 성분으로 보아 서로 대립해야 옳았습니다. 룻은 모압 사람으로서 남편과 자식을 잃은 나오미를 홀대했어야 했고, 나오미는 그런 룻에 대해 저주를 퍼부었어야 옳았습니다. 보아스 역시 고향 땅을 버리고 갔다가 탕자처럼 돌아온 나오미를 외면했어야 옳았으며, 룻에 대해서는 더한 홀대와 핍박을 퍼부었어야 했습니다. 그런데 룻기는 그들의 서로 반목하는 것이 마땅한 민족적 DNA를 거슬러 전혀 다른 이야기 즉, 친절과 환대 그리고 보답으로 이야기를 전개합니다.

실제로 오래전 모압 사람들은 애굽에서 나와 나그네로 광야를 지나던 이스라엘 백성들에게 친절하지 않았습니다. 그들은 이스라엘이 그들 땅을 통과해 요단 서편으로 들어가려 한다는 이야기를 듣자 바로 그들이 모압 땅 통과하는 것을 거절해 버렸습니다. 모압은 확실히 엄청난 숫자로 몰려오는 이스라엘이 두려웠습니다.민 22:3 그들은 이렇게 말했습니다. "이 무리가 소가 밭의 풀을 뜯어 먹음 같이 우리 사방에 있는 것을 다 뜯어먹으리로다."민 22:4 모압은 자유민이지만 나그네가 되어 그들에게 다가오는 이스라엘을 거대한 메뚜기 떼, 짐승들의 무리로만 여겼습니다. 그들은 결국 발람이라는 점술가를 동원해 이스라엘에 저주가 내리도록 했습니다.민 22~23장 그뿐 아닙니다. 모압 여인들은 싯딤에 머물던 이스라엘 백성들 사이를 다니며 그들과 더불어 음란한 일들을 벌이기도 했습니다.민 25:1 결국 아론의 손자 비느하스가 하나님의 분노를 품고서 그 여인들과 함께 음행한 이스라엘 백성들을 처단하기도 했습니다.민 25:8 모압은 확실히 이스라엘 백성들에게 분노의 대상이었습니다. 이스라엘의 입장에서는 모압을 멀리하고 미워하며 기회가 닿으면 앙갚음을 하는 것이 옳았습니다. 광야에서 거절당하고 저주받을 뻔했던 일이 얼마나 사무쳤던지 신명기에서 모세는 이렇게까지 이야기했습니다. "암몬 사람과 모압 사람은 여호와의 총회에 들어오지 못하리니 그들에게 속한 자는 십 대뿐 아니라 영원히 여호와의 총회에 들어오지 못하리라." 신 23:3 그런데 여기 룻기에서 그 모압의 한 여인이 하나님의 구원을 위한 거룩한 계보 한가운데서 친절과 환대 그리고 은혜로운 보답의 한 축을 감당하고 있습니다. 진기한 일입니다.

룻기의 선대 하는 삶의 연결고리는 나오미에게서 시작됩니다. 나오미는 모압 땅 객지 생활에서 몸과 마음이 피폐해졌습니다. 그녀는 후에 베들레헴으로 돌아와 스스로 고백하기를 "내가 풍족하게 나갔더니 여호와께서 내게 비어 돌아오게 하셨느니라 여호와께서 나를 징벌하셨고 전능자가 나를 괴롭게 하셨거늘 너희가 어찌 나를 나오미라 부르느냐"고 말했습니다. 룻 1:21 남편 잃고 아들들을 잃고 모든 것을 잃은 늙은 여인의 인생 허무함에 대한 고백입니다. 그런 나오미였지만 그녀에게 한 가지 다른 마음과 자세가 있었습니다. 며느리들에게 선하게 대하고자 하는 마음이었습니다. 나오미 역시 이스라엘 백성의 한 사람으로서 그들 조상으로부터 이어져 온 모압에 대한 마음이 없지 않았을 것입니다. 그러나 그녀는 그 마음을 선한 마음으로 바꾸어 보였습니다. 나오미는 친절한 마음으로 며느리들을 대접했고 실제로 그들에게 새 삶을 살 수 있는 길을 열어 주기도 했습니다. 결국 룻으로 이어지고 보아스로 연결되어 결국에 다윗과 예수님에게까지 이어지는 모든 친절과 선대의 연결고리, 그 출발에는 나오미의 마음이 있었습니다.

나오미의 친절한 마음은 이어서 며느리 룻에게 이어집니다. 룻은 시어머니 나오미의 마음을 알고 그에 대해 악한 마음이 아닌 선한 마음으로 보답했습니다. 그녀는 "어머니께서 가시는 곳에 나도 가고 어머니께서 머무시는 곳에서 나도 머물겠나이다."룻 1:16라고 말하며 시어머니를 선대 합니다. 그녀는 실제로 모압 땅에서 베들레헴으로 이어지는 쉽지 않은 여행을 시어머니와 동행했고 베들레헴에 가서도 늙은 시어머니를 위해 이삭을 주어와 그것으로 먹을 것을 챙기는 등의 정성스런 섬김을 다했습니다. 결국 룻의 나오미에 대한 보응과 선대는 룻기의 중요한 주제입니다. 룻의 마음이 선한 실천으로 이어진 선대善待의 이야기, 결국에 베들레헴과 유다 지파 전체 나아가 이스라엘에 대대로 선한 영향을 끼친 출발지입니다. 11세기 유대인 랍비였던 라쉬Rashi는 룻기의 선한 실천은 나오미나 보아스와 같은 이스라엘 백성들에게서가 아니라 이방여인 룻에게서 구체적으로 일어났다고 말합니다. 유대인들의 성서 주석 미드라시의 한 부분, 룻 랍바Ruth Rabbah에 의하면 이스라엘이 아직 온전하지 못하여 하나님에 대한 신앙과 바른 삶의 규칙들을 세워가던 사사기의 시점에 룻의 마음과 행위는 중요한 모범 사례가 되었다고 말합니다. 선대 하는 친절한 마음과 삶의 모범이 이스라엘 백성들 사이에서가 아니라 이방 여인에게서 세워졌다는 것은 오늘 우리 기독교인들에게조차 가르치는 바가 큽니다.

하나님께서는 결국에 이방 여인 하나에게서 시작된 착하고 친절한 선대와 환대의 사슬에 복을 내리셨습니다. 선한 사슬의 중요한 연결고리가 된 룻에게만 복을 내리신 것이 아닙니다. 하나님께서는 그 사슬에 연결된 세상 모든 이들에게 복을 주셨습니다. 이런 면에서 보아스는 룻기에서 한편으로 자기 역시 복을 누린 복의 대상이기도 했고, 다른 한편으로 복을 내리시는 하나님의 대리자와 같은 모습으로 서 있습니다. 보아스는 룻기에서 보이지 않는 선행을 다하는 '키다리 아저씨'와 같은 존재입니다. 하나님께서는 '키다리 아저씨' 보아스를 통해 나오미와 룻, 베들레헴 사람들, 나아가 유다 지파와 다윗 왕조 그리고 오늘 우리 모든 그리스도인에게 선한 삶의 가치를 가르치시고 선한 이들에게 주어지는 복을 이야기하고 계십니다. 이렇게 보면 룻과 나오미, 혹은 룻과 엘리멜렉 역시 흥미로운 관계가 됩니다. 룻은 모압의 여인으로서 선행을 기대할 수 없는 존재였습니다. 그런데 그녀는 이제 이스라엘 전체를 압도하는 친절과 환대의 모델이 되었습니다. 엘리멜렉은 그 소명 어린 친절과 환대의 삶의 끝을 보지 못한 채 '깨닫지 못한 이스라엘'로 죽고 말았습니다. 한편으로 나오미는 하나님께로부터 친절과 환대의 율법과 가치를 배웠으나 그것을 후일에 깨달아 실천하게 된 '나중 된 이스라엘'을 보여줍니다. 예수님의 선한 사마리아인의 이야기가 떠오르는 대목입니다.

룻기 2장 11~12절은 우리에게 심도 있는 읽기를 요구합니다. 이스라엘이 아직 친절하고 환대하는 삶의 가치가 계몽되기 전 그 미명에 룻은 마치 잔 다르크처럼 친절과 환대 횃불을 밝히고 나섰습니다. 그래서 작가인 쉐넌 올더Shannon L. Alder은 룻을 이렇게 평가했습니다. "어떤 여인들은 누군가가 당긴 불로 자신을 세웁니다. 그러나 룻은 그 자신이 불 자체입니다." 그렇습니다. 그녀는 스스로 선한 마음과 친절, 환대의 불이 되어 다른 이들에게 그 불을 전했습니다. 그녀가 전한 불 덕에 세상은 선한 의지로 다시 밝혀졌습니다. 그녀의 선한 실천 덕에 나오미와 보아스 그리고 유다 지파와 이스라엘, 나아가 오늘 우리가 사는 세상에 이르기까지 세상은 친절과 환대로 세상을 살아가는 일의 가치를 여전히 귀하게 여길 수 있게 되었습니다.

친절함에 보답 받은 여인

사사들의 시대에 대한 가장 적절한 표현은 그들이 "각자 자기 소견대로 살았다"는 것입니다.삿 17:6 이스라엘 백성은 여호수아와 갈렙의 탁월하고 신실한 리더십 아래 안정적으로 가나안에 정착했습니다. 그들은 지파별로 그리고 집안별로 땅을 받았고 그렇게 지파별 공동체 생활을 시작했습니다. 하나님께서는 이스라엘 백성이 가나안에서 사는데 필요한 다양한 규칙과 방법을 계명으로 정해주시고 백성들에게 그것을 지키는 가운데 하나님께서 주시는 복으로 풍요로운 삶을 살도록 하셨습니다. 그 규칙들 가운데는 그들의 땅에 함께 사는 사람들을 향한 친절과 선대, 환대에 대한 것들도 있었습니다. 그러나 이스라엘 백성들은 하나님께서 주신 땅에서 그 계명대로 사는 일들이 몸에 배어들기도 전에 그 땅을 떠나거나 친절과 환대의 마음을 버리곤 했습니다. 원래 땅을 버리고 멀리 떠나 버린 단 지파의 이야기삿 18:29, 하나님 예배하는 일을 자기 편의대로 해 버린 미가 이야기삿 17:1~5, 그리고 부당하게 죽은 레위인 첩의 이야기삿 19:1~30와 그로 인해 벌어진 베냐민 지파와 나머지 지파간의 피비린내 나는 전쟁의 이야기삿 20:1~48는 하나님의 뜻대로 살지 못한 이스라엘 백성들의 '자기 소견대로' 살았던 이야기들입니다.

그렇게 혼잡한 사사 시대 가운데 이방 여인 룻은 하나의 빛과 같은 존재로 드러납니다. 그녀의 친절한 마음과 겸손한 마음, 선대와 환대의 실천은 당대 혼란스러운 이스라엘 백성들이 따를만한 빛과 같은 일이었습니다. 친절한 룻의 이야기는 그 시절 사람들에게만 귀감이 되는 것이 아닙니다. 하나님의 율법과 계명 실현이 여전히 요원한 우리 시대에도 이방 여인 룻의 이야기는 너무나 소중한 교훈으로 남아 있습니다.

이방 여인 룻이 주는 교훈을 살펴보겠습니다.

1. 룻은 빈손 들고 오는 이들에 대하여 친절한 마음을 품어야 하는 신앙인의 삶의 모범입니다. 우리는 무엇인가 얻을 만한 것이 있고 챙길만한 것이 있는 사람들에게 친절해야 한다는 마음의 습관이 있습니다. 빈손으로 나오는 이들에게서는 얻을 것이 없으니 그들은 우리의 친절의 대상이 아니라고 생각하는 습관입니다. 그러나 룻은 우리에게 전혀 다른 이야기를 들려줍니다. 그녀는 빈손 들고 오는 시어머니 나오미에게 친절한 마음, 선한 대접에 정성을 다했습니다. 그녀는 이방 여인으로서 이스라엘 백성 나오미를 선대 할 이유가 전혀 없음에도 조상들의

길을 따르지 않고 이스라엘의 하나님의 말씀을 따랐습니다. 오늘 우리 역시 빈손 들고 우리 곁에 오는 우리의 이웃들, 가난한 이들과 사회적인 약자들 그리고 우리 곁에서 경제적으로 영적으로 고통스러워하는 마음 가난한 이들에게 선한 마음을 품어야 합니다. 그들에게 친절한 마음을 품고 선대해야 합니다.

2. 룻은 친절한 마음을 넘어선 선대와 환대의 실천이 무엇보다 중요하다는 것을 가르칩니다. 유대인 전통이 말하는 것처럼 사사시대에 친절한 선대와 환대를 실제로 실천한 사람은 이스라엘 백성 아무개가 아니라 이방인 여인 룻이었습니다. 친절한 마음은 선대와 환대로 실천하여 드러나는 것이 중요합니다. 야고보서가 말하는 것처럼 "행함이 없는 믿음은 그 자체가 죽은 것"입니다.약 2:17 친절하여 따뜻하게 해주고자 하는 마음이 있으면 그 마음 그대로 실천하는 일이 중요합니다. 우리 시대는 마음과 실천, 의지와 실천 사이 거리를 너무 멀리 두는 문제가 있습니다. 마음에 품은 것이 악한 것이라면 그 거리감은 절대로 필요한 것입니다. 그러나 마음에 품은 것이 선한 것이라면 그 거리감은 절대로 불필요한 것이며, 우리는 그 거리감을 줄이기 위해 특히 애를 써야 합니다. 룻은 친절한 마음과 선대 및 환대 사이 거리를 줄인 모범이 될 삶을 우리에게 가르쳐주고 있습니다.

3. 룻은 하나님의 보응을 받았습니다. 우리가 잊지 말아야 하는 것은 하나님의 보응입니다. 하나님께서는 친절한 마음과 선대에 대해 보답하십니다. 우리 기독교의 하나님이 권선징악(勸善懲惡)에 약한 분이라는 생각은 오해입니다. 우리가 믿는 하나님이야말로 선하고 올바른 이들을 세상 가운데 등불로 바르게 세우시고 악하고 불의한 이들을 반드시 멸하시는 분이십니다. 룻의 이야기는 그가 친절하여 선대 하는 삶을 바르게 세웠다는 것에 초점이 있습니다. 더불어 하나님께서는 그런 룻을 내버려두지 않으시고 그녀가 벌인 선대와 환대의 분량보다 더한 보응의 은혜를 베푸셨습니다. 하나님의 보응은 단순히 룻 자신에게만 제한된 것이 아닙니다. 하나님의 보응은 룻을 넘어서 나오미에게로 보아스에게로, 베들레헴 에브라다에 거주하는 모든 주민에게로, 나아가 유다 지파와 이스라엘 백성 모두에게로 확장되었습니다. 이방 여인 룻은 그들 모두에게 복의 근원이 된 것입니다. 친절한 마음과 선대 및 환대의 삶에는 하나님의 긍정적이며 은혜로운 나비효과가 있습니다. 우리의 오늘 작은 친절과 환대가 종국에 우리 가정과 사회와 나라를 새롭게 할 수 있는 기회일 수 있는 것입니다.

운명과 욕망 사이에 선 여인
밧세바

내가 이전에 이스라엘의 하나님 여호와를 가리켜 네게 맹세하여 이르기를
네 아들 솔로몬이 반드시 나를 이어 왕이 되고 나를 대신하여
내 왕위에 앉으리라 하였으니 내가 오늘 그대로 행하리라
밧세바가 얼굴을 땅에 대고 절하며 내 주 다윗 왕은 만세수를 하옵소서 하니라

열왕기상 1장 30~31절

기구한 운명 혹은 치밀한 계산

조선 숙종肅宗 시대에는 그 어느 시절보다 드라마틱한 궁중
비화가 많이 있습니다. 말하자면 텔레비전 드라마 소재거리가
많다는 것입니다. 그 대표는 장희빈의 이야기입니다. 잘 아시
는 것처럼 장희빈은 조선 20대 경종임금의 어머니이며 숙종
의 후궁이자 한 때는 왕후의 자리에까지 올랐던 여인이었습니
다. 그녀는 당시 한양의 중간관리로 나름 편안한 집안의 서녀
庶女로 태어났습니다. 그래서 장희빈의 형제들은 모두 집안에
어울리는 관료가 되거나 혹은 관료의 아내가 되었습니다. 그

런데 장희빈에게는 그런 평범한 인생길이 열리지 않았습니다. 그녀는 숙종이 일대 정치적인 변화를 일으키던 와중에 남인이나 혹은 소론의 책략의 일환으로 궁궐 내에서 자리를 얻기도 하고 스스로 자리를 차지하기도 하며 평생을 보냈습니다. 그녀는 정치적인 계파 싸움의 정황 속에서 숙종의 후궁 자리에 오르기도 하지만, 자신의 욕망과 의지로 숙종의 총애를 받아 결국에 한 나라 임금의 어머니가 되기도 합니다. 장희빈은 최후에 국모의 자리뿐 아니라 궁내에서의 지위조차 잃고 폐서인이 되었다가 숙종에게 자결을 촉구하는 비망기備忘記 즉, 스스로 자결하라는 편지까지 받게 됩니다. 그리고 마지막에 사약을 받고 죽게 되지요. 그녀는 과연 기구한 운명의 여인일까요, 아니면 치밀한 욕망의 여인일까요. 사람들은 지금껏 장희빈의 인생이 기구한 운명의 연속인지 아니면 치밀하고 영민한 계산에 의한 것이었는지에 대해 말합니다.

역사를 보면 이런 이야기 즉, 기구한 운명인지 혹은 치밀한 계산인지 알 수 없는 묘한 경우를 많이 봅니다. 대부분 경우는 운명적인 사건에 휘말리고 그런 가운데 자신의 욕망과 노력으로 이름을 얻게 되는 것이 상례이기는 합니다. 그러나 모두가 다 그렇게 해석이 명료한 것은 아닙니다. 성경의 밧세바의 경우가 그렇습니다. 밧세바의 인생은 누가 보아도 기구합니다.

그녀는 다윗의 모사謀士 아히도벨의 손녀딸이고 충성스러운 신하 엘리암의 딸입니다. 그리고 헷Hittite 사람 우리아의 아내였습니다. 그런데 어느 날 당대의 강력한 왕, 그러나 나이 많은 왕 다윗에게 간택되어 그의 왕비가 됩니다. 그 사이 남편이었던 우리아는 다윗의 모략으로 죽고 말았습니다. 그렇게 밧세바는 기구하다 싶은 왕궁 생활을 시작합니다. 그러나 밧세바에게는 기구하다고만 할 수 없는 부분도 있습니다. 그녀는 왕의 아내가 된 후 조용히 살지 않았습니다. 그녀는 자기 아들 솔로몬이 다윗을 잇는 왕이 되기를 바랐고 그 일에 선지자 나단과 더불어 능동적으로 움직였습니다. 그리고 마침내 자기 뜻대로 왕의 모후가 됩니다. 밧세바는 한편으로 기구한 운명의 길을 걸었으나 수동적으로 그 길을 걸은 여인은 아닌 듯 보입니다. 그렇다면 밧세바의 정체는 과연 무엇일까요?

렘브란트의 그림 중에 밧세바가 목욕하는 장면을 그린 것이 있습니다. 렘브란트의 그림들이 다 그렇듯이 이 그림 역시 다른 부분들은 어둡게 처리하고 목욕하는 밧세바의 부분만 환하고 빛나게 그렸습니다. 렘브란트는 자신의 아내를 모델로 밧세바를 그렸다는데, 대부분 르네상스 시절의 그림이 그렇듯 밧세바의 모습은 한눈에 보기에 누군가를 유혹할 만합니다. 나이 먹은 다윗이 반할만한 모습입니다. 그런데 흥미

렘브란트 판 레인, 다윗은 편지를 받아 든 밧세바, 1654

롭게도 이 그림의 제목은 '목욕하는 밧세바'Bathsheba at Her Bath 가 아닙니다. 이 그림의 제목은 '다윗의 편지를 받아든 밧세 바'Bathsheba with David's Letter입니다. 가만히 들여다보면 밧세바 의 손에 편지 한 장이 들려 있습니다. 다윗이 보낸 것입니다. 편지에는 '당신 남편 우리아가 마침내 전사했다는 소식이오, 나는 이제 당신을 나의 정식 왕비로 맞아들일 생각이오. 준비 하시오.'라고 쓰여 있었을 것입니다. 그런데 그 편지를 받아든 밧세바의 얼굴이 좋지 않습니다. 밧세바는 우리아를 깊이 사 랑했을 수도 있습니다. 예루살렘의 최상류층 여인으로서 이미 익숙한 궁중 생활이 기대되지는 않았을 것입니다. 오히려 그 많은 왕비와 부인들 그리고 그 자녀들 사이에서 살 일이 막막 했을 것입니다. 그런데 할아버지와 아버지의 얼굴을 봐서라도 자신은 다윗의 아내가 되어야 했습니다. 만감이 교차하는 순 간입니다.

밧세바는 과연 치밀한 계획 속에 왕비가 되고 모후가 된 것 일까요. 아니면 순진무구한 귀족 여인이었는데 어쩌다 세파에 휘둘려 결국에 모후의 자리에까지 오르게 된 것일까요? 혹시 이 모든 일에 하나님의 모종의 계획하심이 있었던 것은 아닐 까요? 예루살렘의 정치와 당대 역사의 큰 맥락은 그렇다 해도 밧세바의 인생에 하나님의 계획하심이 있었던 것은 분명해 보

내가 어찌 내 집으로 가서 먹고 마시고
내 처와 같이 자리이까 내가 이 일을 행하지 아니하기로
왕의 살아 계심과 왕의 혼의 살아 계심을 두고
맹세하나이다 하니라

사무엘하 11장 11절

입니다. 이제 우리는 밧세바의 기구한 듯 능동적인 인생살이에서 드러나는 하나님의 뜻을 살펴보고자 합니다.

운명의 길을 가르다

밧세바Bathsheba/Bathshua, 밧세바 혹은 밧수아라는 이름은 '맹세의 딸'daughter of oath이라는 뜻입니다. 브엘세바가 '맹세의 우물'이라는 뜻이니 세바혹은 사바가 바로 맹세라는 뜻이 됩니다. 사무엘하에 그 이름이 밧세바삼하 11:3라고 나왔지만, 역대기상에서는 밧수아Bathshua라고 나오는데,대상 3:5 이 이름으로 보자면 '번영의 딸'daughter of opulence이 됩니다. 비슷하게 들리는 이 두 개의 이름은 나름의 의미가 있어 보입니다. 아마도 사무엘서에서는 밧세바와 출신, 즉 그녀가 다윗의 충성스러운 모사 아히도벨 집안 출신이라는 것을 알리는 데 초점을 맞춘 것 같습니다. 반면 역대기서에서는 그녀가 솔로몬을 비롯한 여러 다윗의 자식들의 어머니인 것을 강조하려 했던 것 같습니다. 우리는 여기서 일반적으로 많이 사용되는 밧세바를 쓰기로 합니다.

밧세바는 앞에서 언급했듯이 아히도벨의 손녀딸이고,삼하

16:23; 23:34 엘리암 혹은 암미엘의 딸입니다.삼하 11:3, 대상 3:5 다윗에게는 꽤 용맹한 장군들과 용사들이 많이 있었는데 다윗의 말년을 다룬 성경은 그 가운데 특히 삼십 명을 언급합니다. 이들은 다윗이 사울에게 쫓길 때 그리고 헤브론 시대와 이스라엘 전체의 왕으로 재위하던 시절 내내 다양한 현장에서 다윗을 보필하고 다윗을 위해 싸웠으며, 다윗의 나라를 안정화하고 확장하는 데 큰 역할을 감당했습니다. 그 가운데 한 사람이 바로 길로 사람이며 밧세바의 아버지 엘리암이었습니다.삼하 28:34 흥미롭게도 다윗의 용사 명단에는 밧세바의 남편이었던 우리아 역시 포함되어 있습니다. 이렇게 보면 엘리암과 우리아는 혹 나이 차이는 있을지라도 다윗을 위해 함께 전장을 누빈 전우요 동지였던 것으로 보입니다. 재미있는 것은 엘리암의 아버지가 다윗에게 지혜로운 조언을 많이 했던 아히도벨이라는 것입니다. 성경은 이 아히도벨이 다윗의 모사였다고 말합니다.대상 27:33 그가 "베푸는 계략은 사람이 하나님께 물어서 받은 말씀과 같은 것"이었습니다.삼하 16:23 결국 밧세바의 집안은 온통 다윗 왕에게 충성을 다하는 예루살렘의 핵심 가운데 핵심 집안이었습니다. 밧세바는 아마도 어려서부터 다윗왕을 자주 만났을 것이며 예루살렘 최상류층의 분위기에 익숙했을 것이고 무엇보다 그녀의 집안과 그녀 남편이 다윗 왕가에 어

떤 존재였는지에 대해서도 잘 알고 있었을 것입니다.

그러나 역사는 때로 생각지 못한 방향으로 물꼬를 틉니다. 밧세바의 남편인 우리아가 왕의 군대와 더불어 한참 요단강 건너 암몬 사람들의 랍바성을 공략하고 있을 때 다윗은 예루살렘 왕궁 옥상에서 목욕하고 있던 밧세바를 훔쳐보고 그녀를 데려다 부정을 저지른 것입니다.삼하 11:4 시간이 흘러 암몬과의 전쟁이 계속되는 중에 집에 돌아가 있던 밧세바는 자신이 임신한 것을 알게 되었습니다. 다윗의 아이였습니다. 그녀는 급히 다윗에게 소식을 전합니다.삼하 11:5 다윗은 당황했습니다. 그는 우리아를 전투 현장에서 빼내 집으로 돌려보내기로 합니다. 밧세바와 남편 우리아가 함께 있으면 그들 사이에 아이가 생길 수 있을 것이고 결국에 자신의 범죄가 가려지리라 생각한 것입니다. 그는 요압에게 편지를 보내 당장 그 일을 실행합니다. 그런데 문제가 생겼습니다. 왕의 명령으로 예루살렘으로 온 우리아가 왕을 만나고서 집으로 돌아가지 않는 것입니다. 애가 탄 다윗은 우리아에게 집으로 돌아가 쉬라고 거듭 명합니다. 그러나 충직한 우리아는 집으로 돌아가지 않고 왕궁 곁에서 왕의 군사들과 성문곁에서 노숙하다가 다시 전투 현장으로 돌아갔습니다. 충성스럽고 우직한 우리아는 왕에게 이렇게 말합니다. "언약궤와 이스라엘과 유다가 야영 중에 있고 내

주 요압과 내 왕의 부하들이 바깥 들에 진 치고 있거늘 내가 어찌 내 집으로 가서 먹고 마시고 내 처와 같이 자리이까."삼하 11:11

결국 다윗은 우리아를 죽음으로 내모는 길을 택합니다. 그는 요압 사령관에게 편지를 써서 우리아의 손에 들려 보냅니다. 편지에는 이런 말이 쓰여 있었습니다. "너희가 우리아를 맹렬한 싸움에 앞세워 두고 너희는 뒤로 물러가서 그로 맞아 죽게 하라."삼하 11:15 결국 우리아는 못된 왕 다윗의 모략과 그에 부화뇌동한 요압에 의해 전장에서 억울한 죽임을 당합니다. 소식을 들은 요압은 아무것도 모르는 것처럼 군사들과 장군들을 말로 질책합니다. 그리고 이 소식을 다윗에게 전합니다. 소식을 들은 다윗 역시 이렇게 태연하게 말합니다. "이 일로 걱정하지 말라 칼은 이 사람이나 저 사람이나 삼키느니라."삼하 11:25 그에게는 참으로 악한 마음뿐입니다. 당연히 그 소식은 바로 밧세바에게 전달됩니다. 밧세바는 소식을 듣자 큰 소리로 통곡합니다. 남편의 죽음, 아버지와 할아버지 및 집안의 정치적 입장, 그리고 배 속의 아이를 두고 머릿속이 복잡했을 것입니다. 그리고 얼마 후 모든 장례가 끝난 후 다윗은 자연스럽게 밧세바를 자신의 왕궁으로 들이고 왕비로 삼습니다. 참으로 하나님 보시기에 악한 일이었습니다.삼하 11:27

다윗은 이 모든 음험한 일을 자신과 밧세바 그리고 요압만 알고 있으리라 생각했습니다. 그러나 하나님께서는 그런 다윗을 가만두지 않으셨습니다. 하나님께서는 선지자 나단을 통해 그의 비밀스러운 죄를 폭로하셨습니다. 다윗은 어찌할 바를 모르며 나단에게 자기의 잘못을 이야기하고 살길을 구했습니다. 그러자 나단은 다윗에게 "당신이 낳은 아이가 반드시 죽으리이다"라고 말하며 하나님의 심판을 전합니다.삼하 12:14 이것은 다윗이 부정하게 밧세바와 동침하여 얻은 아들이 어린 나이에 죽으리라는 것을 말하는 것이었습니다.삼하 12:18 그러나 다윗과 밧세바의 문제는 그렇게 끝나지 않았습니다. 밧세바의 할아버지 다윗의 모사 아히도벨은 나중에 다윗의 아들 압살롬이 반란을 일으켰을 때 압살롬의 편에 섭니다. 그리고 압살롬의 반역 성공을 위해 그의 지혜를 모아줍니다. 다윗은 아히도벨이 압살롬의 편에 섰다는 이야기를 듣자 두렵고 떨리는 마음에 "여호와여 원하옵건대 아히도벨의 모략을 어리석게 하옵소서"라고 탄식하듯 외칩니다.삼하 15:31 아히도벨은 오직 한 가지 관심만 있었습니다. 바로 다윗을 죽이는 것이었습니다.삼하 17:2 비록 그의 계략은 받아들여지지 않았지만 아히도벨이 손녀딸과 손녀사위의 불행에 관하여 다윗에게 모종의 불편한 마음을 품고 있었음을 살필 수 있는 대목입니다. 그래서인지 아히도벨은 자신의 계략이 받아들여지지 않자 압살롬의 반역

다윗 왕이 명령하여 이르되
밧세바를 내 앞으로 부르라 하매
그가 왕의 앞으로 들어가 그 앞에 서는지라

열왕기상 1장 28절

이 어찌 되든 상관없다는 듯이 조용히 돌아가 집안을 정리한 후 스스로 목숨을 끊습니다.^{삼하 17:23} 밧세바로서는 정말이지 점입가경의 시간이었습니다.

한편 밧세바는 남편을 잃고 원치 않는 상황에서 왕비의 자리에 앉게 되었습니다. 그리고는 나단 선지자의 비판 속에 젖도 물리지 못하고 이름도 짓지 못한 첫아들을 잃게 됩니다. 그뿐이 아니었습니다. 할아버지가 반역자의 대열에 서서 이제는 자신의 남편인 다윗을 대적하는 꼴도 보게 되었습니다. 우직한 우리아의 아내로 평범하게 살았으면 절대로 겪지 않았을 일이었습니다. 어쨌든 밧세바는 이 모든 일을 겪으면서 모종의 변화를 경험한 것 같습니다. 사람이니 당연하기도 하겠거니와 변하지 않으면 그녀 역시 살기가 쉽지 않았을지도 모릅니다. 일단 그녀는 다윗과의 사이에 아들들을 많이 둡니다. 그리고 아들들 가운데 솔로몬은 결국에 왕이 됩니다. 밧세바는 아들 솔로몬을 왕으로 옹립하는 일에 적극적이었습니다. 우리가 함께 읽는 열왕기상 1장의 이야기입니다. 그녀는 일단 옛날 다윗과 자신의 문제를 비판했던 나단을 적극적으로 끌어들입니다. 그리고 나단과 더불어 늙은 부왕 다윗을 설득하여 솔로몬을 다윗을 잇는 왕이 되도록 만들어 냅니다. 열왕기상서의 첫 시작은 이렇듯 노회한 궁중의 어른이 된 밧세바의 달라진

모습으로 장식되어 있습니다. 밧세바는 불현듯 주어진 숙명
과 같은 삶을 스스로 갈라 자기와 자기 아들의 미래를 열었습
니다.

운명과 계산, 그리고 섭리
열왕기상 1장 16~31절 다시 읽기

밧세바의 이야기는 들으면 막장 아침드라마 같기도 합니다.
그러나 이 이야기에는 만고불변의 한 가지 진리가 담겨 있습
니다. 주어진 숙명 같은 삶에서 길을 찾는다는 것입니다. 배울
만한 진리입니다. 철학자 마틴 하이데거Martin Heidegger는 사람
이 누구나 이 세상에 던져진 삶을 산다고 했습니다. 그리고 그
것이 사람의 삶의 전부는 아니라고 말했습니다. 그는 사람의
삶은 던져진 것에 더해 자신의 삶을 스스로 던져 개척하는 것
에서 의미를 발견한다고 했습니다. 밧세바의 삶이 그랬습니
다. 밧세바는 아히도벨의 집안에 태어나면서 그리고 아버지의
동지 우리아와 결혼하면서, 무엇보다 남편 우리아가 죽고 다
윗의 왕궁으로 들어가 거기서 새 삶을 시작하면서 스스로 어
찌할 수 없는 숙명의 늪에 빠져들었습니다. 부정不情으로 태어

난 갓난 아들의 죽음은 그녀를 더 깊은 늪으로 빠뜨렸습니다. 그런데 그것이 전부가 아니었습니다. 그 밧세바는 운명을 개척하는 길로 스스로를 던졌습니다. 그것이 바로 열왕기상 1장의 이야기입니다.

밧세바에게는 인생의 2막이 있었습니다. 그녀는 압살롬의 반란 가운데, 특히 할아버지 아히도벨이 반란에 참여했음에도 생을 부지했습니다. 쉽지 않았을 것입니다. 압살롬의 반란이 진압된 후 다윗의 사랑이 식어버렸을지도 모릅니다. 그렇지 않아도 그녀는 다윗에게서 멀어지고 어느새 다윗에게는 다른 여인들이 자리를 차지하고 있었습니다. 그러나 그 모든 시련 가운데 그녀는 삶을 이어갔습니다. 그리고 마침내 아들 솔로몬이 그녀에게 삶의 의미가 되어줄 시기가 다가왔습니다. 그런데 그녀에게 아직 남아 있는 문제가 있었습니다. 다윗의 다른 아들, 학깃에게서 태어난 아도니야가 다윗의 왕위를 차지하려 하고 있었던 것입니다. 아도니야는 제사장 아비아달과 그리고 요압 장군과 함께 일을 도모하면서 마치 자신이 이미 왕이라도 된 듯 굴었습니다. 동생들과 예루살렘의 신하들을 모아놓고서 잔치를 베푼 것입니다.왕상 1:9 늙은 다윗은 완전히 뒷방 늙은이가 되고 말았습니다. 이제는 아무것도 하지 않은 채 그냥 누워있을 뿐입니다. 이 상황이 계속되면 솔로몬과 솔로몬을 지지하는 제사장 사독 그리고 선지자 나단은 끝장나고 말 것입니다. 밧세바 역시 마찬가지입니다. 그녀를 신들린 듯 이끌리기만 했던 숙명 같은 삶은 그렇게 허무하게 끝나고 말 것입니다.

밧세바는 사정을 그냥 두고 보지 않았습니다. 그녀는 자신을 도울 나단과 함께 다윗왕의 '뒷방'으로 갔습니다. 그리고 아비삭과 함께 앉아 있는 다윗에게 다가갔습니다. 다윗은 너무 늙고 병들었습니다. 아비삭의 시중이 없이는 제대로 앉아 있지도 못했습니다.왕상 1:15 갑자기 나타난 밧세바를 보며 다윗이 말합니다. "어찌 됨이냐."왕상 1:16 이때 밧세바는 평생 한 번도 열지 않았던 입을 뗍니다. "내 주여 왕이 전에 왕의 하나님 여호와를 가리켜 여종에게 맹세하시기를 네 아들 솔로몬이 반드시 나를 이어 왕이 되어 내 왕위에 앉으리라 하셨거늘 이제 아도니야가 왕이 되었어도 내 주 왕은 알지 못하시나이다."왕상 1:17~18 아마도 다윗은 밧세바가 이렇게 크게 말하는 것을 처음 들었을 것입니다. 밧세바는 마치 에스더가 아하수에로 앞에 서듯, 그리고 엘리야가 아합왕 앞에 서듯 그렇게 담대하게 서서 자기주장을 펼쳤습니다. 밧세바는 일단 왕이 상황 파악을 못하고 있다는 것을 일깨웠습니다. 지금 막지 않으면 아도니야가 압살롬처럼 왕위를 찬탈할 것이라 외쳤습니다. 밧세바로서는 평생 한 번도 그렇게 해보지 않은 큰 외침이었을 것입니다. 그에 부응이라도 하듯 나단이 곧 나섰습니다. 밧세바의 두서없어 보이는 이야기를 갈무리하며, 나단은 자초지종을 왕에게 아뢰고서 동시에 이 일들이 왕의 허락하에 이루어진 것인지 확인했습니다.왕상 1:22-27

　비록 늙고 병들었으나 다윗은 아직도 다윗이었습니다. 그는 오랫동안의 인생 경험에서 지금 상황이 이해되었습니다. 마음으로는 밧세바의 행동이 흥미롭다고 생각했을 수도 있습니다. 그날 그렇게 만난 이래로 그리고 왕궁으로 데려온 이래로 평생 자기를 앞세우는 법이 없던 밧세바였는데 오늘 유난히 말이 많다고 생각했을 수도 있습니다. 다윗은 오래전 자신이 밧세바에게 했던 약속을 떠올렸을 것입니다. 생각을 정리한 후 다윗은 나단에게 이렇게 말했습니다. "밧세바를 내 앞으로 부르라."왕상 1:28 밧세바가 다시 다윗 앞에 섰습니다. 처음 만났을 때 그는 무섭고 완력이 센 왕이었습니다. 그리고 내내 그는 자기에게 강력한 왕일 뿐이었습니다. 그러나 이제 보니 다윗은 늙고 병든 노인이었습니다. 그렇게 세월이 흐른 것을 깨달은 밧세바는 담대하게 일어섰습니다. 더는 누군가에게 끌려다니기만 하는 그런 존재가 아니었습니다. 그녀의 말과 행동 하나하나에 그녀와 솔로몬 그리고 다른 아들들과 자녀들 및 나라의 운명이 바뀌게 될 것입니다. 그러니 이번에 그녀는 치밀하고 굳건해야 했습니다. 그녀는 차분히 그러나 단호하게 자신과 솔로몬의 권리를 이야기합니다. 다윗은 드디어 이전과는 사뭇 달라 보이는 그녀에게 이렇게 말합니다. "네 아들 솔로몬이 반드시 나를 이어 왕이 되고 나를 대신하여 내 왕위에 앉으리라 하였으니 내가 오늘 그대로 행하리라."왕상 1:30

결국에, 우리가 모두 알고 있듯이 왕위는 솔로몬에게로 돌아갔습니다. 솔로몬은 다윗을 이어 이스라엘의 세 번째 왕이 되었고, 이스라엘이 지금도 존경하는 지혜로운 왕의 대명사가 됩니다. 이스라엘은 솔로몬의 시대에 이스라엘 역사상 가장 번성한 나라가 되었습니다. 밧세바는 이 모든 일이 가능하게 만든 장본인입니다. 솔로몬이 통치하는 동안에 "유다와 이스라엘이 단에서부터 브엘세바에 이르기까지 각기 포도나무 아래와 무화과나무 아래에서 평안히" 살게 되었습니다.왕상 4:25 세상 어머니들은 모두 제 아들이 제일 똑똑하다고 생각할 테니, 밧세바에게 솔로몬이 세상 최고로 지혜로운 왕이 될 재목임을 알았느냐고 물을 필요는 없습니다. 중요한 것은 그녀가 어느 순간 주어진 숙명과도 같은 현실, 그 선을 넘고 담을 넘어 자신의 운명을 개척했다는 것입니다. 그녀는 한마디도 하지 않던 자세에서 말을 하는 자세로, 나서지 않던 수동적인 태도

에서 스스로 나아가는 능동적인 태도로 전환을 이루었습니다. 그렇게 어머니로서 그리고 한 나라의 국모로서 가족과 나라를 지켰습니다. 나머지는 하나님께서 당신의 섭리 가운데 이루셨다고 보아야 합니다.

하나님께서는 주저앉아 있는 누군가보다는 일어서서 자기 삶을 새롭게 하려는 밧세바에게 손을 들어주셨습니다. 당신이 창조하신 인생과 그리고 삶을 스스로 책임감 있게 살아가려 하는 밧세바에게 그녀가 감히 상상도 하지 못했던 인생과 세상을 열도록 허락하신 것입니다. 물론 그 새로운 세상을 꾸려가고 살았던 것은 아들 솔로몬이었습니다. 그러나 그 새로운 세상에 대한 문을 연 것은 밧세바임이 틀림이 없습니다. 하나님의 섭리는 욕망하는 삶과 계산하는 삶 사이 어딘가에서 스스로 일어서려는 사람에게 펼쳐지는 은혜입니다.

여자라고 봐주지 않는다

조남주의 소설 『82년생 김지영』은 우리 시대 여성들이 살아가는 삶의 자화상입니다. 세상은 결혼한 여성들에게 자기 꿈을 실현하기를 권합니다. 하지만 그 여성이 자기 꿈을 실현하겠다고 아이를 업고 세상으로 나서면 세상은 그녀를 "맘충이"라고 비아냥거립니다. 세상은 한편으로 여성들에게 무엇이든다 해보라고 하면서, 다른 한편으로는 왜 그것을 했는지 비판하며 자아실현한답시고 세상을 시끄럽게 한다고 불편해합니다. 분명한 것은 우리 시대 여성들이 자기 삶에 대해 분명한 의지를 세워야 한다는 것입니다. 그렇게 하는 것이 자기 자신을위해서만이 아니라 자녀들을 위해서, 남편과 세상 모든 남자를 위해서도 그리고 나아가 그들이 살아갈 세상을 위해서도옳은 일입니다. 저도 남자이지만 남자들의 세상은 마치 아도니야의 세상처럼 희망도 없고 미래도 없이 그렇게 무도無道하고 무계획적입니다.

어쨌든 세상과 삶은 여자라고 봐주지 않습니다. 여성들에게도 삶에는 과제가 있고 사명이 있으며 책임이 있습니다. 그것이 매우 여성적이든, 아니면 남녀를 넘어선 모든 인간을 위한것이든 여성들에게도 해야 할 일이 있는 것입니다. 여성들에게 삶의 과제가 예외가 있을 리가 없습니다.

이런 차원에서 우리는 성경의 밧세바와 관련하여 네 가지교훈을 말합니다.

1. 밧세바는 먼저 받아들이기만을 요구하는 세상을 대면했습니다. 다윗이 새로운 나라를 세우던 시절, 할아버지 아히도벨이 그런 다윗을 돕던 시절, 아버지 엘리암이 다윗의 충성스러운 군사로 나라를 확장하던 시절, 밧세바는 예루살렘의 귀족 여인으로 태어났고 자랐습니다. 거기서 남편 우리아도 만났고 집안의 기대 속에 그리고 나라의 기대 속에 둘은 결혼했습니다. 밧세바가 무엇을 더할 일은 없었습니다. 밧세바의 인생 초기는 그렇게 주어진 대로의 삶에 충실하는 것이 전부였습니다. 이 시기에 밧세바는 그냥 행복하기만 했을 것입니다. 무엇 하나 거칠 것 없는 인생살이였을 것입니다. 밧세바로서는 이 시기가 그 어느 때보다 행복한 시간이었을 것입니다. 사실 우리에게도 이런 시절이 있습니다. 아주 불행한 시대가 아닌 한, 아주 힘든 가정 배경이나 사회적인 배경이 아닌 한 대부분은 부모님과 가족의 주어진 배경 속에서 평안하게 인생을 살던 시절이 있습니다. 이 시절 우리는 그저 주어지는 대로 받아들이고 순응하며 살아갑니다. 그 '던져진 삶'의 기쁨을 누릴 때가 있는 것입니다.

2. 밧세바는 주어진 숙명의 자리를 지키고 버티었습니다. 그런데 인생 주어진 숙명대로 살아가는 삶이 언제까지나 행복한

것은 아닙니다. 주어진 삶에 순응하며 사는 인생에는 언젠가 갈등의 상황들이 닥치게 됩니다. 밧세바가 그랬습니다. 할아버지와 아버지 그리고 남편의 그늘 밑에서 행복하게 살던 밧세바에게 어느 날 예상치 못한 또 하나의 숙명이 다가왔습니다. 다윗이 그녀의 인생에 끼어든 것입니다. 밧세바에게 있어서 다윗은 파괴적인 권력자였습니다. 그는 밧세바의 인생에서 남편을 앗아가고 할아버지를 빼앗아갔으며 결국에 둘 사이 첫 아들마저도 잃게 만들었습니다. 무엇보다 다윗은 밧세바가 행복해하던 삶을 근본으로부터 온전히 무너뜨렸습니다. 그러나 밧세바는 주어진 삶을 포기하지 않았습니다. 다윗에 의해 궁극에 결정된 삶, 궁중에서의 삶마저도 그녀는 숙명처럼 받아들였습니다. 우리 삶에도 이런 자세가 필요합니다. 우리는 때로 주어진 삶의 현실을 부정하고 불만을 토로하는 가운데 그 삶을 포기하거나 물러서려 합니다. 그러나 밧세바는 우리에게 지키고 버티라고 말합니다. 자신과 같이 주어진 숙명의 자리를 지켜야 한다고 말합니다. 하나님께서 보이시는 놀랍고 은혜로운 비전은 언제나 그다음에 주어지기 때문입니다.

3. 밧세바는 어느 순간 다가오는 위기를 개척하는 담대함을 보여주었습니다. 주어진 숙명을 받아들이기만 하며 순응하던

밧세바는 인생의 어느 순간, 삶의 새로운 국면에서 분명한 몸짓을 보여줍니다. 아들 솔로몬이 아도니야와 경쟁하여 왕위를 얻으려 할 때였습니다. 그녀는 이 한순간 평생 보이지 않던 강력한 모습으로 그녀 자신과 아들, 나아가 나라와 세상의 역사를 크게 바꾸고 맙니다. 이때로부터 밧세바는 그녀와 그녀가 사랑하는 사람들의 미래를 위해 이전에 없던 에너지를 끌어올렸습니다. 우리 삶에서도 이런 순간은 다가옵니다. 주어진 삶에 안주하고 순응해 왔는데 어느 순간 넘어서야 하는 시간이 오는 것입니다. 그때 우리는 밧세바를 생각해야 합니다. 그녀는 넘어서야 할 때를 놓치지 않았습니다. 담대하게 새로운 인생과 새로운 세상을 열었습니다. 우리 역시 마찬가지입니다. 주어진 인생에서 개척해야 하는 인생으로의 전환이 요구될 때 우리는 이제 밧세바의 담대함을 기억해야 합니다.

4. 밧세바는 문을 열고 그 다음 세상을 하나님께 맡겼습니다. 새롭게 열어젖힌 세상에서 하나님께서는 우리가 다 알 수도, 할 수도 없는 일들 사이에서 당신의 섭리를 드러내십니다. 밧세바가 왕으로서 솔로몬의 인생을 대신 살 수는 없었습니다. 그녀 스스로 새로운 이스라엘과 예루살렘을 관리하고 이끌 수는 없었습니다. 그녀는 그저 문을 연 여인이었습니다. 그

다음은 하나님께서 하실 일입니다. 지혜자 솔로몬의 어머니 밧세바는 아들이 어느 때 말한 대로 "하나님을 경외하는 것이 지혜의 근본"임을 잘 알았을 것입니다.잠 1:7 그녀는 스스로 연 미래 세상을 주도하지 않았습니다. 그저 하나님을 경외했습니다. 그녀는 새로운 세상을 여는 아들 솔로몬에게 이렇게 말합니다. "내 아들아 내가 무엇을 말하랴 내 태에서 난 아들아 내가 무엇을 말하랴 서원대로 얻은 아들아 내가 무엇을 말하랴" 잠 31:2 그저 하나님을 경외하고 하나님을 의지하며 하나님께 기도할 뿐이었습니다. 문을 열고 그 다음 세상을 하나님께 온전히 맡긴 여인 밧세바, 우리가 배워야 할 신앙의 자세를 가진 여인입니다.

마리아
당신은 알고 있었는가

예수의 십자가 곁에는 그 어머니와 이모와 글로바의 아내 마리아와
막달라 마리아가 섰는지라 예수께서 자기의 어머니와 사랑하시는 제자가
곁에 서 있는 것을 보시고 자기 어머니께 말씀하시되
여자여 보소서 아들이니이다 하시고 또 그 제자에게 이르시되
보라 네 어머니라 하신대 그 때부터 그 제자가 자기 집에 모시니라

요한복음 19장 25~27절

크리스마스의 노래

요즘 크리스마스가 되면 곳곳에서 울려 퍼지는 노래가 하나
있습니다. '마리아 그대는 알고 있었는가?'*Mary Did You Know?*라는
노래입니다. 크리스마스 시즌이 되면 교회와 세속 어디에서나
이 노래가 울려 퍼집니다. 노래가 너무나도 유명하고 여러 사
람에게 사랑을 받아서인지 가수들은 크리스마스 앨범을 낼 때
마다 이 노래를 포함하는데, 매번 이 노래는 빌보드 여러 차트
에 이름을 올리고는 있습니다. 예를 들면 유명한 컨트리 가수
인 케니 로저스Kenny Rogers는 1997년에 이 노래를 자기 앨범에

미켈란젤로 부오나로티, 피에타, 1499

담았는데 노래가 빌보드 컨트리송 차트에 55위에 올랐습니다. 클레이 아이켄Clay Aiken이라는 가수도 역시 이 노래를 자기 앨범에 담았는데 빌보드 기독교노래 분야에 32위에 오르기도 했습니다. 유명한 힙합 가수 씨 로 그린Cee Lo Green은 이 노래를 빌보드 9위에 올려놓기도 했습니다. 그렇다 해도 이 노래를 가장 멋지게 부른 건 아무래도 보컬 그룹 펜타토닉스Pentatonix일 것입니다. 그들은 이 노래를 빌보드 핫100 분야 26위까지 올려놓았습니다. 펜타토닉스의 버전으로 이 노래를 한 번 들어보시지요. 정말 멋집니다.

Mary Did You Know?는 예수님의 어머니 마리에게 던지는 질문들로 구성되어 있습니다. 대체로 당신이 낳은 아들이 그런 존재인 것을 알고 있었는지에 관해 묻는 질문입니다. 노래 가사를 한국어로 번역해 보면 이렇습니다. 조금 길어도 함께 읽어보시죠.

마리아 당신은 아기가 물 위를 걷게 될 것을 알고 있었는가?
Mary did you know that your baby boy would one day walk on water?
마리아 당신은 아기가 이 땅의 자녀들을 구원하리라는 것을 알고 있었는가? Mary did you know that your baby boy would save our sons and daughters?

당신은 당신의 아기가 당신을 새롭게 하기 위해 온 것을 알고 있었는가? Did you know that your baby boy has come to make you new?

당신이 낳은 이 아이는 곧 당신을 구원하리라 This child that you've delivered, will soon deliver you

마리아 당신은 당신의 아기가 장님에게 시력을 회복시키리라는 것을 알고 있었는가? Mary did you know that your baby boy will give sight to a blind man?

마리아 당신은 당신의 아기가 그 손으로 폭풍을 잠잠하게 하리라는 것을 알고 있었는가? Mary did you know that your baby boy will calm a storm with his hand?

당신은 당신의 아기가 천사들이나 다니던 곳을 걸었다는 것을 알고 있었는가? Did you know that your baby boy has walked where angels trod?

당신이 그 작은 아기에게 입을 맞출 때, 당신은 하나님의 얼굴에 키스한 것인데 When you kiss your little baby, you kiss the face of God

마리아 당신은 알고 있었는가? Mary did you know?

맹인이 보게 될 것이고, 귀머거리는 들을 것이며, 죽은 사람들은 다시 살 것이라

The blind will see, the deaf will hear, the dead will live again

절름발이가 뛰어다니고 벙어리가 어린 양을 찬양하는 노래를

부를 것이라 The lame will leap, the dumb will speak, the praises of the lamb

마리아 당신은 당신의 아기가 모든 피조물의 주님이시라는 것을 알았는가? Mary did you know that your baby boy is Lord of all creation?

마리아 당신은 당신의 아기가 언젠가 세상을 다스릴 것을 알고 있었는가?Mary did you know that your baby boy would one day rule the nations?

당신은 당신의 아기가 천국의 흠 없는 어린양이라는 것을 알고 있었는가? Did you know that your baby boy is heaven's perfect lamb?

당신이 안고 있는 잠들어 있는 그 아이는 크고 위대하니, 내가 바로 그러하다. That sleeping child you're holding is the great I am

오 마리아 그대는 알고 있었는가?

Oh Mary did you know?

노래 가사가 참으로 특별합니다. 가사에서 볼 수 있듯 노래의 내용은 하나님의 아들 예수를 아들로 둔 마리아를 향한 질문으로 이루어져 있습니다. 질문하는 시점은 가사에 등장하는 그 일들이 일어난 후입니다. 아마도 아들 예수 그리스도가 십

보소서 아들이니이다

요한복음 19장 26절

자가에 달렸을 때 혹은 부활하신 후 모습을 드러냈을 때일 것입니다. 그리고 마지막 "내가 바로 그러하다."I am.라고 던지는 한마디에서 우리는 이 질문들이 아들 예수님께서 십자가에서 어머니 마리아와 나눈 암묵적인 대화라는 것을 알 수 있습니다. 저는 이 노래가 마지막 십자가상에서 예수님께서 어머니 마리아를 보며 부르는 노래로 보입니다. 요한복음 19장에서 예수님은 어머니 마리아에게 "보소서 아들이니이다"라고 하는데, 그 한 마디와 어머니를 바라보는 아들과 아들을 바라보는 어머니의 눈길 사이에 이 노래 가사의 모든 것이 들어 있는 것 같습니다.

우리 모두 주지하듯이 이 노래의 가사는 훌륭합니다. 그래서 호주의 유명한 신학자인 마이클 프로스트Michael Frost는 이 노래 가사를 보고서 "이제껏 나온 복음을 노래하는 가사 가운데 가장 매혹적"이라고 말했습니다. 누군가 함께 이 노래를 듣던 동료 목사님은 이렇게 말했습니다. "예수님에 대한 성경의 이야기를 조금이라도 알고 있다면 마리아가 이 모든 것을 알고 있었을지에 대해 의문의 여지를 품지 않을 것이다. 왜냐하면 성경은 그녀가 이 모든 것을 알고 있었다고 분명하게 이야기하고 있기 때문이다."라고 말했습니다. 그러나 저는 질문이 있습니다. 마리아가 이 모든 것을 다 알고 있었다 해도 그 모든 것을 다 감당할 수 있었을까요? 무게를 알고 있다는 것과 그 무게를 감당한다는 것은 다른 이야기입니다. 그녀는 그 모든 것이 자기 아들에게서 이루어지리라는 것을 알고는 있었을지라도 그 모든 것들이 전해주는 무게감을 감당하기는 힘들었을 것입니다. 여러분은 여러분의 삶의 본질과 현실을 낱낱이 파악하고서 그 무게감을 다 감당할 수 있다고 느끼셨나요? 아니요, 우리 중에 누구도 그렇지 못합니다. 그래서 우리는 삶의 무게에 대한 앎과 그 무게를 지고 사는 현실 사이에서 마리아에 대한 고찰을 시작해 보려 합니다.

마리아 따라가 보기

2천년 전 갈릴리 호수 서남쪽 산자락에 나사렛이라는 동네가 있었습니다. 이 동네는 지극히 한미寒微한 곳이었습니다. 당시 사람들조차 그 마을이 있었는지를 모를 정도였습니다. 그런 작은 동네에 마리아라는 여인이 살고 있었습니다. 이름 없는 동네에 사는 알려진 것 없는 여인이었습니다. 게다가 마리아는 매우 흔한 이름이어서 한 동네에도 네 다섯은 같은 이름을 사용했습니다. 흔한 이름이 붙여졌다는 것은 그만큼 특별할 것이 없음을 의미합니다. 마리아에게는 정혼한 사람이 있었습니다. 이름은 요셉이었습니다.눅 1:27 집안사람들끼리 정해 놓은 것이라 마리아는 신랑 될 사람과는 마주 앉아 본 적도 없습니다. 그렇게 하루하루 결혼할 날만 기다리며 마리아는 조용히 몸과 마음을 삼가며 살고 있었습니다. 그러던 어느 날 그녀에게 천사가 나타났습니다. 특별할 것 없는 마을, 특별할 것 없는 사람들 사이 역시 별다른 것 없는 한 평범한 여인에게 하나님의 천사가 나타나 무언가 특별한 일을 전하려 하고 있습니다.

천사는 마리아에게 "아들을 얻을 것"이라고 전했습니다. 눅 1:31 아들은 이름을 예수라고 부르게 될 것인데 그 이름은 '구원자'savior라는 뜻을 갖고 있습니다. 마리아로서는 자기 의지와 상관없는 뜻밖의 일이었습니다. 아직 결혼도 하지 않은 상황에서 자식을 먼저 봐야 한다는 것은 당시 세상에서는 상상할 수도 없는 일이었습니다. 그러나 마리아는 신실했습니다. 그녀는 하나님의 뜻과 계획이 자신을 통해 실현되는 것에 대해 진중한 마음을 품고 그것을 받아들이기로 했습니다. 마리아는 이렇게 말합니다. "주의 여종이오니 말씀대로 내게 이루어지이다."눅 1:38 그녀는 성령으로 아기를 잉태한 후 엘리사벳과 사가랴의 집으로 가서 거기서 머물렀습니다. 하나님께서 자기보다 앞서 엘리사벳에게 이루신 일 즉, 세례요한의 탄생에 대해 듣고 보기 위해서였습니다. 그녀는 엘리사벳의 집에서 하나님께서 엘리사벳과 자신을 통해 이루신 일을 보며 이렇게 노래합니다.

내 마음이 하나님 내 구주를 기뻐하였음은

그의 여종의 비천함을 돌보셨음이라

보라 이제 후로는 만세에 나를 복이 있다 일컬으리로다

능하신 이가 큰 일을 내게 행하셨으니 그 이름이 거룩하시며

긍휼하심이 두려워하는 자에게 대대로 이르는도다

그의 팔로 힘을 보이사 마음의 생각이 교만한 자들을 흩으셨고

권세 있는 자를 그 위에서 내리치셨으며 비천한 자를 높이셨고

주리는 자를 좋은 것으로 배불리셨으며 부자는 빈 손으로 보내셨도다

그 종 이스라엘을 도우사 긍휼히 여기시고 기억하시되

우리 조상에게 말씀하신 것과 같이 아브라함과

그 자손에게 영원히 하시리로다

누가복음 1장 47~55절

그러나 하나님께서 주신 은혜의 선물인 아기 예수를 키우는 일은 쉽지 않았습니다. 그 아기가 하나님이시라서가 아니라 그런 아기를 받아들이지 않는 세상 때문이었습니다. 덕분

에 마리아는 이제 막 태어난 아기를 데리고 이집트로 피신하였고, 이후 고향인 나사렛으로 돌아가 정착해야 했습니다.^{마 2:13-23} 여기까지 마리아와 아들 요셉을 보듬어 준 것은 남편인 요셉이었습니다. 요셉은 마리아에게 참으로 신실했습니다. 그는 천사의 지시를 따라 마리아와 아기 예수를 데리고 이집트로 갔다가 다시 마리아와 자신이 살던 나사렛으로 돌아와 정착했고 둘을 먹여 살리는 일에도 최선을 다했습니다. 목수로서 요셉은 아들 예수가 공생애public life를 시작하기 전까지 목수의 업을 가르쳤고 함께 했습니다. 요셉은 아마도 목수로서 일을 위해 아들 예수와 갈릴리 일대 혹은 나아가 주변 여러 지방을 다녔을 것입니다. 그리고 당대의 세상을 장차 세상의 구원자에게 보여주었을 것입니다. 요셉과 마리아는 나사렛에서 하나님의 구원자 예수가 그 사역을 실현하기 위한 준비 시간을 갖는 동안 자기들의 최선을 다했습니다.

그러나 예수가 한동안 요단강에 가서 세례요한을 만나고 돌아온 후 마리아는 그를 더는 아들로만 품을 수 없었습니다. 그는 어느 날 마을 회당으로 가서 거기서 자신이 이사야의 예언을 성취하기 위해 온 사람이라고 말하고, "이 글이 오늘 너희 귀에 응했다"고 선언했습니다.^{눅 4:21} 사람들은 그런 아들을 신성모독이라고 말하며 동네 한쪽에 있는 벼랑으로 데려

마리아가 이르되 주의 여종이오니 말씀대로
내게 이루어지이다 하매 천사가 떠나가니라

누가복음 1장 38절

가 밀어 떨어뜨려 죽이려 했습니다. 이때 마리아는 하마터면 아들을 잃을 뻔했습니다. 그 일이 있고서 아들 예수는 가버나움으로 떠났습니다. 거기 가버나움을 중심으로 갈릴리 일대를 다니며 사람들에게 하나님 나라에 대해 가르치고, 그리고 병자들을 고치며, 가난한 자들을 구제했습니다. 그러다 보니 아들 예수를 따르는 사람들도 생겼습니다. '제자들'이라고 불리던 그들은 마리아에게도 곧잘 '어머니' 라고 부르며 스승의 어머니에 대한 도리를 다했습니다. 그렇지만 마리아의 입장에서 이 모든 일들이 편한 일은 아니었습니다. 아들 예수는 한 번은 자기 제자들에게 이런 말도 했습니다. "아버지나 어머니를 나보다 더 사랑하는 자는 내게 합당하지 아니하고 아들이나 딸을 나보다 더 사랑하는 자도 내게 합당하지 아니하다."[마 10:37] 마리아로서는 아들의 이런 말들과 그 사역이 전혀 이해되지 않는 것은 아니었습니다. 단지 걱정스러운 것은 그런 아들의 말과 행동이 사람들을 자극해 해를 당하지 않을까 하는 것이었습니다.

세상의 어머니들이 다 그렇듯 마리아도 아들 예수의 어머니였습니다. 그것도 신적인 사명과 책임감의 편에 선 것이 아닌 지극히 인간적인 한 아들의 어머니였습니다. 당연히 아들의 그런 행동들과 말들에 대해 걱정이 앞섰습니다. 그래서 한 번은 요셉과 사이에 낳은 다른 형제들을 데리고 아들 예수가 사역하는 가버나움으로 갔습니다. 마리아는 성령으로 잉태한 아들 예수 외에도 요셉과 사이에서 야고보, 요셉, 시몬 그리고 유다를 더 두었습니다.마 13:55 마리아는 그 형제들과 함께 가버나움에 가서 거기서 아들 예수를 만나기를 원했습니다. 그래서 가버나움과 갈릴리 사람들 사이에서 사역하는 일을 그만두고 같이 나사렛으로 돌아가자고 전하려고 했습니다. 그것이 뜻대로 되지 않는다 해도 아들에게 조금 더 조심하라고 말하고 싶었습니다.마 12:46 그런데 아들 예수는 그런 어머니와 형제들에게 오히려 이렇게 말했습니다. "누가 내 어머니이며 내 동생들이냐."마 12:48 그리고 어머니 마리아와 형제들을 바라보며 그리고 제자들을 가리켜 바라보며 이렇게 말을 이었습니다. "나의 어머니와 나의 동생들을 보라 누구든지 하늘에 계신 내 아버지의 뜻대로 하는 자가 내 형제요 자매요 어머니이니라."마 12:49~50 그렇지 않아도 마리아는 아들 예수가 어려서부터 그 됨됨이와 행동이 특별했기 때문에 유심히 지켜보았습니다.눅 2:19 아들 예수가 성장하면서 점점 자신과 요셉의 테두리를 넘어서 이제는 세상 모든 이들을 품을 자세로 행동하는 것이 두려웠습니다. 그러나 두려웠습니다. 그것이 어머니 마리아의 마음이었습니다.

마리아는 이날 이후 조용히 예수님을 따르는 다른 여인들과 함께했습니다. 막달라 마리아와 요한과 야고보의 어머니 살로메 그리고 이름이 동일한 작은 야고보라 불리는 제자의 어머니 마리아 등이 동행했습니다. 그런 가운데 아들의 상황은 점점 더 심각해져 갔습니다. 아들 예수는 누가 보아도 당대의 권력층에 대한 도전이 틀림없는 일들을 과감하게 그리고 치밀하게 감행했습니다. 그리고 마침내 예루살렘에서 아들 예수는 체포되어 법정에 섰습니다. 마리아로서는 이런 상황까지는 예측하지 못했습니다. 한 인간의 어머니로서 아들이 세상의 구원자가 된다는 것이 이렇게 법정에 서고 고문을 당하고 결국에 십자가에 달려 죽는 일이라는 것을 계산과 예측으로는 생각할 수 없는 일이었습니다. 그런데 그런 일이 실제로 일어났습니다. 아들 예수가 대제사장 가야바의 종교 법정에서 갑자기 로마 총독의 법정으로 넘어가 거기서 십자가 사형을 선고받은 것입니다. 마리아는 아들 예수가 여기저기 넘겨지고 고문당하고 최종적으로 십자가를 지고 골고다를 향해 나아가는 길 내내 함께했습니다. 마리아는 아들을 거기서 구출해 내거나 도망치도록 돕거나 하지는 않았습니다. 아마도 그렇게 하고 싶었을 것입니다. 그러나 마리아는 그저 조용히 아들이 하나님께 순종하여 결단한 그 길을 따랐습니다. 그렇다 한들 그 모든 여정이 마리아에게 쉬웠을 리 없습니다. 그녀는 아들이 걸어가는 그 십자가의 길 한걸음 한걸음을 눈물을 흘리며 가슴을 치며 함께 했습니다.

드디어 마지막 십자가의 자리, 거기 아들 예수는 고독하게 죽음을 향하는 고난을 감수하고 있었습니다. 그리고 그 십자가 아래 어머니 마리아가 서 있었습니다. 이 마지막 장면에서 어머니와 아들은 서로를 바라보고 있었습니다. 어머니 마리아는 아들 예수가 세상을 구원할 자라는 것을 알고 있었습니다. 그러나 그것이 이런 고난을 감수해서 이루어지리라는 것을 생각하지 못했습니다. 어머니 마리아는 그 십자가 아래서 아들의 고통스러운 신음소리를 모두 들었습니다. 그리고 오래전 자신이 천사 가브리엘에게 "말씀대로 내게 이루어지이다"라고 했던 말을 떠올립니다.눅 1:38 세상을 구원할 자의 탄생과 사역은 이제 이 십자가에서 그대로 실현되고 있습니다. 그러나 그 모든 일을 자기가 낳은 아들이 감당하는 것을 바라본다는 것은 견디기 어려운 일입니다. 어머니 마리아는 아들의 마지막 시간 내내 당신의 뜻은 알겠으나 이 모든 것을 감당하기는 어렵다는 말을 기도문을 읊듯 중얼거렸을 것입니다. 지금이라도 자기 아들을 그 고통의 자리에서 내려오게 해달라고 기도했을 것입니다. 한 인간으로서 그리고 어미로서 아들이 처참하게 죽어가는 그 십자가 아래에서 마리아는 서 있기 조차 매우 어려웠을 겁니다.

어머니 마리아의 기도
요한복음 19장 25~27절과 누가복음 1장 38절 깊이 읽기

  십자가의 길을 걸어가는 아들 예수의 옆에 서 있던 마리아의 마음이 단순하지는 않았을 것입니다. 그녀는 한편으로 어머니이자 다른 한편으로 예수님의 제자였습니다. 이 두 마음은 어느 한 편으로 치우쳐 버리기가 쉽지 않아서, 어느 때는 어머니의 마음이 앞서기도 했다가 어느 때에는 피조물이자 제자의 마음이 앞서기도 했던 것이 마리아의 마음이라 보입니다. 이런 맥락에서 누가복음 1장으로부터 시작되어 요한복음 19장으로 이어지는 성모聖母 마리아의 인생은 심도 있게 읽어 내려갈 필요가 있습니다. 누가복음 1장은 마리아가 예수님을 잉태하게 되리라는 이야기를 듣고 세례요한의 어머니 엘리사벳의 집으로 가서 거기 머물렀을 때 이야기입니다. 주로 하나님의 구원자를 잉태한 마리아의 반응과 태도에 대해 다루고 있습니다. 이어서 요한복음 19장은 예수님께서 마지막 십자가상에서 고통스럽게 고난 당하시던 상황을 기록한 부분입니다. 마리아는 어머니로서 예수님께서 십자가에 달리시던 자리를 지켰고 거기서 성경 어디에서도 볼 수 없는 모자간 대화의 시간을 갖습니다. 이제 우리는 누가복음 1장 38절의 눈으로 요한복음 19장을 읽고 요한복음 19장의 눈으로 누가복음 1장의 말씀을 읽어보고자 합니다.

마리아는 처음 아들 예수를 뱃속에 품게 되리라는 이야기를 듣게 되었을 때 이렇게 말했습니다. "말씀대로 내게 이루어지이다" 그리고 엘리사벳의 집에 머물면서 하나님께서 세상 구원을 위해 하시는 일을 묵상했습니다. 그녀가 묵상한 결과는 그녀가 부른 노래 누가복음 1장 47~55절에 잘 나타나 있습니다. 그녀는 하나님의 놀라운 구원 계획이 미천한 자신을 통해 세상에 나타나 모든 낮은 자들과 고통 가운데 있는 자들, 절망 가운데 있는 사람들, 모든 죄 가운데 있는 자들을 구원하는 큰 은혜로 실현되는 것을 기뻐했습니다. 그리고 그 모든 것의 시작에 자신이 도구로 서 있음을 깨달았습니다. 그녀는 이 모든 일을 온전한 순종으로 받아들였습니다. 처녀가 잉태하는 일을 괴이하게 여길 세상이 문제가 아니었습니다. 그런 것들은 그녀 자신도 얼마든지 이겨나갈 수 있습니다. 중요한 것은 그녀를 통해 세상에 구원이 임하고 그 구원이 온전히 실현되는 것입니다. 그래서 그녀의 "말씀대로 이루어지이다"라는 고백은 놀라운 고백이 됩니다. 그러나 다른 한편으로 그녀는 그 고백이 가져올 놀라운 일들, 그녀의 생각과 상상, 예측과 계산을 넘어서는 놀라운 일들을 잘 알지 못했습니다. 그녀는 조금의 어려움은 있을지라도 잘 참고 견디면 그녀에게서 태어난 아들이 세상을 그 지혜와 모사로, 그리고 권세로 온전하게 회복하고 구원하리라 생각했습니다. 그런데 그 아들이 세상에 와서 하는 모든 말과 일은 점점 그녀의 생각과 예측을 넘어서는 것들뿐이었습니다. 마지막에 그녀가 보게 된 그 아들 예수의 마지막은 정말이지 그녀가 상상하고 생각한 모습이 아니었습니다. 거기 그 십자가에서 그녀는 할 말을 잃었습니다. 그때 그 아들, 예수가 그녀에게 이렇게 말합니다. "보소서 아들이니이다." 요 19:26

요한복음이 증언하는 예수님의 십자가상 외침들과 마지막 말들은 모두 나름의 신학적 의미가 있습니다. 그 가운데 예수님께서 어머니 마리아를 바라보면서 했던 말 즉, "여자여 보소서 아들이니이다"라는 말은 마리아 스스로에게나 혹은 곁에서서 그것을 지켜보는 목격자들 및 오늘 우리 모두에게 많은 생각을 품게 합니다. 예수님은 마리아에게 이렇게 말씀하시는 것 같습니다. "어머니, 처음 저를 잉태하셨을 때 제가 이렇게 되리라는 것, 상상이라도 하셨습니까?" 아마도 마리아는 예수님에게 눈빛으로 이야기했을 것입니다. "아니다, 이렇게까지 될 줄은 한 번도 상상해 보지 못했다." 어머니의 눈빛을 읽은 예수님은 다시 어머니에게 이렇게 말씀하십니다. "그래요, 어머니. 보세요, 이 모습이 바로 어머니께서 처음 하늘 아버지께 당신 뜻대로 이루어지기를 바란다고 하신 말씀의 결론이며, 참모습입니다. 하나님께서는 이 이런 방식으로 세상을 구원하시려 했습니다." 결국 마리아는 십자가에 달린 아들 예수를 바라보는 그 자리에서 그녀가 처음 아들을 품었을 때 하늘 하나님의 뜻대로 되기를 바란다는 말의 참 의미를 깨닫게 됩니다. 하나님의 아들을 보내셔서 세상을 구원하시고자 하는 계획은 마리아의 생각을 넘어서는 방법으로 실현되었습니다. 마리아는 그녀가 처음 순종으로 고백한 것의 참 의미를 아들과의 마지막 대화에서 비로소 깨닫게 된 것입니다.

그렇다 한들, 하나님의 여종이며 동시에 인간 예수의 어머니로서 마리아가 품었던 인생의 무게는 참으로 가늠하기가 쉽지 않습니다. 그녀가 감당하기로 한 삶과 사역의 무게감은 한편으로 그녀의 결단 가운데 시작되었으나, 다른 한편으로 그녀가 감히 품기 어려운 결론으로 이어졌으며, 그녀 자신도 그것을 다 짊어지기가 쉽지 않았던 온전한 무게감이었습니다. 마리아는 아기 예수를 뱃속에 품었던 시절 느꼈던 무게감과 전혀 다른 질감의 무게를 십자가 앞에서 경험하고 있습니다. 그녀는 아들 예수로 인한 무게감을 그녀 스스로 온전히 품기로 결단한 처음 고백의 시간으로부터 마지막 아들 예수가 진정한 세상의 구원자로 십자가에서 죽어가는 순간에 경험한 무게감에 이르기까지 단 한 번도 아들 예수를 그녀의 인생으로부터 그리고 마음으로부터 내려놓은 적이 없습니다. 세상 모든 어머니가 그랬던 것처럼 말입니다. 그러나 그녀가 경험한 아들 예수의 삶과 사역의 무게는 진정 그녀가 감당할 만큼의 것과는 다른 종류의 것이었습니다. 그녀는 그 무게를 온전히 다 감당하는 일이 그녀에게 불가능하다는 것 역시 느끼고 있었을 것입니다. 아들 예수의 어머니로서 그 짐 짊어지기를 단 한 번도 거부한 적이 없는 마리아, 그것이 우리가 누가복음 1장에서 배울 모습입니다. 그녀는 어머니로서 그 모든 짐을 충실히 감당했습니다. 그리고 마지막에 아들 예수가 십자가에 달려 죽던 그 순간에 아들 됨을 넘어서 세상의 구원자로 세상 짐을 온전히 감당하는 것을 보게 되었을 때 마리아는 자기 아들의 진정한 무게가 어느 정도였는지를 비로소 느끼게 됩니다. 그리고 그 순간 아들 예수를 세상의 구원자 예수 그리스도로 섬기게 됩니다. 이것이 요한복음 19장에서 예수님과 어머니의 마지막 대화의 진면목입니다.

이후 마리아는 예수님의 유언대로 제자 가운데 가장 젊었던 요한에게 자신을 의탁했습니다. 그리고 요한과 더불어 터키의 에베소로 가서 거기서 살았습니다. 이후 마리아의 이야기는 성경에 더는 등장하지 않습니다. 그러나 우리는 그녀가 감람산의 승천의 자리에서, 다락방의 성령을 받는 자리에서, 그리고 세상 곳곳 예수 그리스도가 전파되는 자리들에서 여전히 자기 자리를 지키고 있었으리라는 것을 상상할 수 있습니다. 전설에 의하면 마리아는 에베소에서 모든 이들의 어머니였다고 합니다. 그곳에서 만나는 모든 이들에게 그녀가 평생에 경험한 아들 예수, 이제는 구원자 예수님에 대해 증거했습니다. 그리고 그녀가 경험한 무게감에 대한 간증을 이어가다 하늘의 부르심을 받고 이번에는 구원자이신 하나님 그리고 그 아들 예수님의 품에 안겼습니다.

마리아만큼의 무게감으로

로마 바티칸에 가서 베드로대성당 입구를 지나 오른쪽으로 돌았을 때 그때의 감동을 아직도 잊을 수 없습니다. 미켈란젤로Michelangelo Buonarroti의 조각상 피에타Pieta 가 거기 있습니다.
어머니 마리아가 죽은 아들 예수를 안고 있는 모습입니다. 아
시다시피 이 조각상은 그 배율 면에서나 상황에 대한 해석 면
에서나 무언가 부조화로 가득 차 있습니다. 앳된 얼굴의 어머
니 마리아가 다 큰 청년 예수의 축 늘어진 시신을 끌어안고
있는 모습은 보는 사람이 어울리지 않는다고 느끼게 합니다.
그런데 누구든 이 조각상을 처음 보았을 때 이런 식의 부조화
를 느꼈다면 그 사람은 사전에 주어진 지식의 편견에 사로잡
힌 채 조각을 대하고 있는 것이 틀림이 없습니다. 왜냐하면
그 모든 부조화는 어머니 마리아가 아들 예수의 시신을 끌어
안고 있는 모습의 완벽함에 온전히 감추어져 있기 때문입니
다. 피에타를 보는 사람은 누구든 첫눈에 부조화보다는 온전
한 조화를 보게 됩니다. 부조화는 그다음 그 조각의 의미와
디테일을 들여다보는 가운데 깨닫게 되는 부차적인 것들입
니다.

우리는 마리아의 인생에서도 역시 조화와 부조화를 봅니
다. 그녀는 한편으로 한 아들의 어머니로서 그녀에게 주어진
책임과 역할에 충실합니다. 그 아들이 하늘로부터 온 구원자
이든 하나님의 아들이든 그것은 중요한 것이 아닙니다. 어머
니 마리아는 그 아들의 신성마저도 끌어안은 어머니 그 자체

입니다. 그런데 마리아 역시 한 인간입니다. 그녀는 어머니로서 아들을 한껏 품고 있습니다. 그러나 힘에 부쳐 보입니다. 아들이 너무 거대하고 크기 때문입니다. 그렇다고 마리아는 끌어안은 아들을 저버리지 않습니다. 아들의 삶과 사역으로 인한 무게감이야 어떻든 그녀는 조용히 그 아들을 안고 있습니다. 마리아는 지금 너무 커 버린 아들과 한없이 작은 자신 사이를 신앙으로 극복합니다. 그렇습니다. 마리아에게는 어머니의 모습과 신앙인의 모습이 모두 교차합니다.

이러한 마리아의 삶에서 배우는 교훈을 함께 나누고자 합니다.

1. 어머니 마리아는 아들 예수의 인생과 온전히 동행했습니다. 세상의 구원자로 온 아들 예수의 인생을 어린아이일 때부터 십자가에 죽어가는 순간에 이르기까지 나아가 시신이 되어 무덤 안에 안치되는 순간까지 온전히 함께했습니다. 그것은 어머니로서는 당연하겠지만, 세상 구원자를 대하는 한 인간으로서는 쉽지 않은 것이었습니다. 그런데도 마리아는 그 길을 단 한 번도 떠나지 않았습니다. 마리아의 첫 교훈은 바로 이것입니다. 하나님으로부터 주어진 자리를 떠나지 않는

것입니다. 그 삶이 주는 무게감이 제아무리 그녀를 짓누르더라도 그녀는 그 자리를 떠나지 않습니다. 우리 역시 마찬가지입니다. 우리에게는 각자 인생에 주어진 하늘의 책임과 사명이 있습니다. 그것은 때로 우리 자녀들을 향한 것이기도 하고 우리 공동체를 향한 것이기도 하며, 혹은 사회와 나라를 향한 것이기도 합니다. 우리는 모두 주어진 사명과 책임에 대해 "주님 뜻대로 따르겠습니다."라고 말하고 결단한 사람들입니다. 중요한 것은 그렇게 순종하고 결단한 자리를 떠나지 않는 것입니다. 사명과 책임의 자리를 비우지 않고 지키는 미덕, 이것이야말로 우리가 마리아에게서 배우는 중요한 첫 교훈입니다.

2. 마리아는 그 사명과 책임의 자리에서 점점 더해가는 무게감의 현실을 절감했습니다. 마리아는 아기 예수가 자라고 성장하는 가운데 더해가는 무게감을 순간순간 절감했습니다. 나사렛의 회당에서 그리고 가버나움과 갈릴리 일대에서 벌이는 일들과 그 가르침 모두가 만들어내는 올무는 아들 예수만을 조이지 않았습니다. 어머니 마리아 역시 큰 불안감과 염려로 아들의 일들을 지켜보아야 했습니다. 그러나 나사렛을 떠나고 갈릴리를 벗어난 아들은 이제 그녀의 생각과 예측을 넘

어서는 자리에 서 있습니다. 마리아는 염려하고 걱정하는 가운데 기도하는 일 외에 다른 것을 할 수 없습니다. 그렇게 아들의 무게감은 점점 마리아의 마음과 영혼을 무겁게 했습니다. 그녀는 그 무게감이 단지 어머니로서만 느끼기에는 한계가 있다는 것을 알게 됩니다. 그녀는 더해가는 무거움을 어머니로서 책임과 사명을 넘어서 아들에 대한 믿음으로 이겨나가기 시작합니다. 자식들을 키우는 자리, 양들을 목양하는 자리, 다음 세대와 공동체의 구성원들을 이끄는 일들도 마찬가지입니다. 시간이 지나면 지날수록 그들은 우리의 통제를 넘어서는 영역으로 스스로 확장해 나아갑니다. 부모로서 교사로서 목회자로서 그리고 지도자로서 우리는 시간이 거듭되면서 우리 능력의 한계를 절감합니다. 그럴 때 우리는 무엇을 해야 할까요... 마리아처럼 기도해야 합니다. 어머니는 아들의 인생의 끝을 볼 수 없습니다. 그 끝을 향해 나아가는 아들을 위해 그저 기도밖에는 할 것이 없음을 알아야 합니다.

3. 그렇게 아들을 따라 십자가에까지 이른 마리아는 마지막 순간 아들의 한 마디에 전혀 새로운 세계로 넘어서는 경험을 합니다. 어머니와 아들의 관계를 넘어선 하나님과 자녀, 예수님과 제자의 관계로의 도약입니다. 마리아는 처참하게 고문

당해 만신창이가 된 아들의 몸과 그 고통스러운 얼굴을 바라보며 마지막 어머니로서의 사명과 책임의 고통을 느꼈을 것입니다. 어머니로서 마리아의 인생은 이제 죽은 아들에 대한 애통함만이 가득할 것입니다. 그러나 그 자리는 그것을 끝이 아니었습니다. 예수님은 어머니 마리아에게 "보소서 아들이니이다"라고 말하며 어머니를 새로운 삶과 사명의 세계로 인도합니다. 아들 예수를 그리스도로 믿고 의지하는 가운데 하나님의 나라를 향해 나아가는 삶입니다. 그것은 하늘을 향한 믿음의 삶이고 세상을 향한 선교적 책임과 사명의 삶입니다. 이런 삶의 경지는 우리에게도 열립니다. 마리아가 처음 고백한 "주 뜻대로 이루어지이다"라는 말은 이제 아들의 죽음을 통해 전혀 새로운 국면으로 넘어서고 있는 것입니다. 우리 인생 역시 마찬가지일 것입니다. 하나님께서는 우리가 제한하여 힘겨워하는 삶의 지경들을 넘어서도록 인도하십니다. 우리는 하나님의 아들 예수 그리스도의 은혜로운 인도를 통하여 우리가 제한하던 모든 현실을 넘어선 새로운 믿음의 자리, 사명의 자리를 바라볼 수 있게 됩니다. 이런 경험 가운데 우리 자녀와 우리 공동체의 구성원들, 우리 후배들은 우리의 사명과 책임 아래 있는 존재가 아니라 우리를 더 큰 믿음의 세계, 사명의 세계로 안내하는 인도자가 됩니다. 마리아가 아들 예수의 고난을 통해 새로운 사명의 자리로 나아갔듯 우리 역시 우리가 책임지고 키우며 가르쳤던 이들에게서 전혀 새로운 삶의 경지를 선물로 얻게 됩니다.